蔣氏家族生活祕史

生活祕史

廖彥博・陳一銘◎著

序 文

　　如果讀者是「五年級生」，甚至是更年長的三、四年級，一定對民國六十四年（1975）四月五日那個突然狂風驟雨的晚上，還留有深刻的印象。就在那個晚上，一代強人蔣中正離開了人世。而五年級後段班、或者像筆者這樣一個六年級生，想必一定還記得：民國七十七年（1988）一月十三日，那天晚上，突然變成黑白畫面的電視螢幕上，主播哽咽地宣布，蔣總統經國先生溘然長眠。時序來到二十一世紀，正在求學，或者剛踏入社會的七、八年級生，很多人應該會對蔣友柏、蔣友常兄弟那輪廓深刻的混血兒臉孔感到好奇吧？覺得哥哥酷到不行，弟弟一整個帥氣！大時代的變動，因緣際會，蔣氏家族和生活於市井中的你、我一樣，在台灣綿延生根，不同時代的人對不同世代蔣家成員那些浮光掠影的印象和畫面，幾乎成了台灣人世代傳承下來的集體記憶。

　　說到腦海裡的印象和畫面，提到蔣中正，在您眼前馬上浮現的是哪張面容呢？是兩百元鈔票、十元硬幣上面那個身著中山裝、面帶慈祥笑容的老人？還是會想起從前國中、高中教室後方和國父遙遙相對的那幅標準「領袖玉照」？或者，您看過若干大陸拍攝的戰爭片嗎？《長征》裡面，由影帝陳道明飾演的那位陰沉凶狠的「蔣介石」，或者《大決戰》裡頭那個詭謀深沉的趙恆多，是否傳神地演繹了大陸時期蔣委員長的樣貌神韻呢？

　　這幾年政壇流行所謂「蔣經國熱」，但是說起蔣經國，即使像筆者這樣在一九八〇年代讀書、考試，逐漸對於台灣史、中國現代史有若干啓蒙

的歷史系學生，如果要在腦海中認真搜括對這位被官方標榜「親民愛民」之領導者的印象，恐怕也僅止於那位頭戴鴨舌帽、身穿米黃色夾克，面容因糖尿病而顯得有些疲憊浮腫的老人吧！

不管是一九七五年，還是一九八八年；也不論你對蔣氏父子與蔣家在歷史上的功過抱持怎樣的評價，相較於最近兩任總統，我們對於蔣家——這個在中國和台灣都留下重要影響的第一家庭，其實沒有清楚的瞭解。一九九○年代後期起，大陸出版的蔣家傳記進入台灣，一些曾在蔣家服務過的侍衛、秘書也紛紛出版回憶錄，追憶他們的居停主人。只是上述這些著作，內容相當良莠不齊，即使先不論大陸著作中帶有的明顯貶抑與偏見，台灣本地的作品中，也頗充斥明顯史實的謬誤及荒誕不堪的市井傳言。過去，威權政治時代，我們無法以「常人」的角度對第一家庭一窺究竟，時至今日，該是可以跳脫政治因素，從最平凡的食衣住行角度來還原、觀察蔣氏家族生活史的時候了！

在沒有電視、網路的時代，照片是唯一可留存的視覺資料。本書將用「看圖說故事」的方式，來說明蔣氏家族的時代環境。當然，照片的拍攝，不可否認帶有當時官方意識形態擇取所留下的痕跡，不過「相片會說話」，我們盡量採取詳實可信的史料佐證，透過照片，以生活史的角度，一起進入過去從未探索過的蔣家生活歷程。

作者 廖彥博 書于2006年十一月

目 錄　Table of **Contents**

4

蔣氏家族譜系

Genealogical Charts of Jiang Family

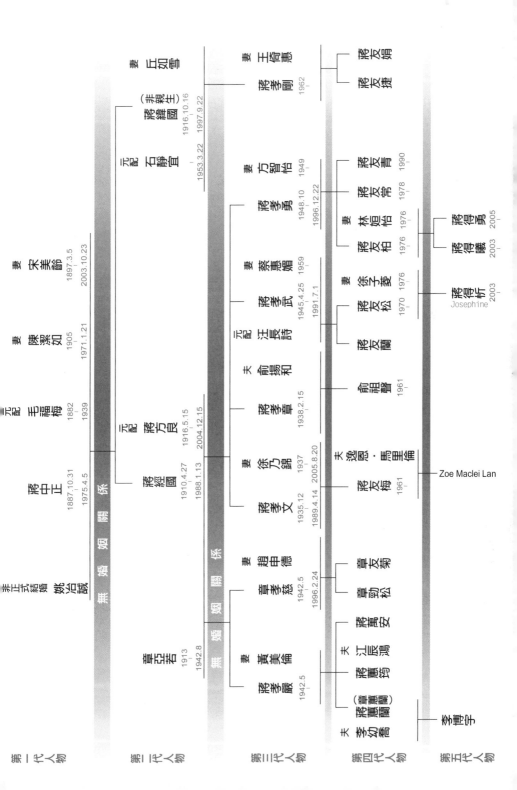

	第一代人物	第二代人物	第三代人物	第四代人物	第五代人物

妻 丘如雪

妻 王倚惠

蔣友娟

蔣友捷
1962

妻 宋美齡
1897.3.5
2003.10.23

蔣緯國 (非親生)
1916.10.16 1997.9.22

元配 石靜宜
1953.3.22

妻 方智怡
1949

蔣友青
1990

蔣友常
1978

妻 林姮怡
1996.12.22

蔣友柏
1976

蔣得勇
2005

蔣得曦
2003

妻 陳潔如
1905
1971.1.21

妻 蔡惠媚
1959

蔣孝勇
1948.10

妻 徐子菱
1976

蔣得怡
2003
Josephine

蔣友松
1970

元配 毛福梅
1882
1939

元配 汪長詩

蔣孝武
1945.4.25 1991.7.1

蔣友蘭

夫 俞揚和

蔣孝章
1938.2.15

俞祖聲
1961

蔣中正
1887.10.31 1975.4.5

元配 蔣方良
1916.5.15 2004.12.15

妻 徐乃錦
1937 2005.8.20

夫 德惠恩·馬里倫

蔣友梅
1961

Zoe Maclei Lan

蔣經國
1910.4.27 1988.1.13

蔣孝文
1935.12 1989.4.14

非正式結婚 姚冶誠

妻 趙申德
1942.2.24 1996

蔣孝慈
1942.5

章友菊

章勁松

妻 黃美倫

蔣萬安

夫 江辰鴻

蔣蕙筠

蔣蕙蘭 (章蕙蘭)

章亞若
1913 1942.8

蔣孝嚴
1942.5

夫 李幼喬

李博宇

無 婚 姻 關 係

無 婚 姻 關 係

元 配 關 係

第一章
Chapter 1　戎裝領袖的側寫：
蔣中正的人生剪影

蔣中正 1887-1975

　　二十一世紀的今天，儘管老人的微笑仍銘刻在新台幣的十元硬幣和兩百元紙鈔上，「蔣中正」的身影卻已慢慢從我們日常生活與記憶之中淡去。若不是2006年初，一場鬧得沸沸揚揚的「誰是二二八事件元凶」之爭議，有誰還會記得這樣一位縱橫近代中國及戰後台灣數十年、影響歷史走向的風雲人物呢？今日想要重新回顧老蔣的一生，我們已享有足夠的高度與自由，調閱那曾禁錮於權威高牆之內的史料，窺探蔣中正及其一族的生活史。

　　本書並非企圖重寫蔣中正以及蔣氏家族成員的傳記，而是想由活在當下台灣的自身角度，來看待曾在這片土地上榮耀過也悽楚過，向來保有神祕感的前第一家庭。為了呈現不同於過往蔣氏傳記的面貌，並配合歷史照片的說明，我們的行文，將大致從蔣氏一族成員的人生大事、看照片說故事、感情世界三個面向，引領讀者穿梭近代中國與台灣的歷史現場，回首那段蔣家真實走過的歲月人生。

▲蔣中正誕生處──玉泰鹽舖老宅原址

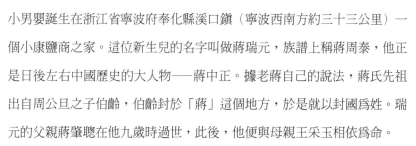

頑劣少年

　　1887年十月三十一日，也就是清光緒十三年舊曆九月十五，一名健康的小男嬰誕生在浙江省寧波府奉化縣溪口鎮（寧波西南方約三十三公里）一個小康鹽商之家。這位新生兒的名字叫做蔣瑞元，族譜上稱蔣周泰，他正是日後左右中國歷史的大人物——蔣中正。據老蔣自己的說法，蔣氏先祖出自周公旦之子伯齡，伯齡封於「蔣」這個地方，於是就以封國為姓。瑞元的父親蔣肇聰在他九歲時過世，此後，他便與母親王采玉相依為命。

　　王太夫人管教甚為嚴格，對瑞元的人格發展起了很大的影響。只是他生性活潑好動，和同年的小孩一同玩耍時，總常顯露出一股不服輸的精神。小瑞元於六歲就學，學習傳統漢學經典，十四歲以前讀《論語》、《孟子》、《詩經》、《易經》、《左傳》、《尚書》，十五歲讀策論，旁涉子、史、古文辭；直至十七歲入奉化鳳麓學堂，才開始接觸西方新知，學習英文、數學。

清末的奉化溪口街景 ▶

右方與右上兩張圖是清末時期的奉化溪口街景，從中不難想像小瑞元在街道上奔跑遊玩的情景。

▲王太夫人與青年中正

蔣中正的母親王太夫人，是生活於清末的傳統中國女性。據蔣的回憶，其父去世時，「覬覦既多，迫辱備至」[1]，喪夫的王太夫人含辛茹苦地將兒子撫養長大。此為他們母子倆的合照。當時攝影仍算是新穎的時代產物，照片中，年輕的蔣侍母站立，母子二人表情嚴肅，正是二十世紀初年面對攝影時普遍的「一號表情」。

▲鳳麓學堂

蔣中正十七歲入學讀書的鳳麓學堂，攝於民國前八年。蔣的少年時代，據他自稱「頑劣益甚」，常與學伴打鬥摔角。假如打輸，不服氣的蔣絕對會奮戰到打贏為止，即便全身沾滿泥巴，還是不肯認輸。有時同伴受不了他的這般毅力，只好認輸，悻悻地稱他「瑞元無賴」。

赴日啟蒙

1905年，孫中山在日本東京成立中國同盟會，革命思潮風起雲湧，蔣自動剪去髮辮，以明變革之志。後來，他得到王太夫人首肯，於1906年四月東渡日本，暫入東京清華學校，因此結識了陳其美。蔣對陳極為傾慕，與之結拜為兄弟，自此廣泛結交青年志士，開始接觸革命運動，當時的蔣年方二十歲。他於當年冬天返國，1907年夏，入保定陸軍速成學校接受軍事教育，爾後考取了官費留日陸軍生資格。他於1908年再赴日就讀振武學校，接觸到旨在「推翻滿清，建立共和」的革命思想；並在後來經由陳其美介紹，加入了同盟會。他早晚拜讀鄒容所著《革命軍》，寫下「光我神州完我責，東來志豈在封侯」的詩句，進一步地表明革命救中國的志向。

▲與張群合影

這張照片是民國前二年，蔣中正在日本新潟縣與張群（1889-1990）的合影，當時他是高田野砲第十三師團十九聯隊的實習士官。張群日後曾擔任外交部長、行政副院長、總統府秘書長，以政學系當中的「知日派」著稱。

14

▲考取保定陸軍速成學堂

蔣考取浙江省考送保定陸軍速成學堂後，與同學的合影，蔣是照片中的第三排
右數第五人。

　　1909至1911年，蔣進入日本陸軍第十三師團第十九聯隊實習，為士
官候補生；就在這段期間，1910年的東京，蔣首度見到了他崇仰已久的孫
中山。

青年遊俠

1911年十月，武昌起義爆發，蔣回國參加革命，跟隨陳其美起義，光復了浙江，他以先鋒指揮官率領百餘人進入浙江，於十月五日光復浙江撫署，光復杭州。之後，陳其美在上海被推舉爲滬軍都督，任蔣爲滬軍第五團團長，不久即光復全江蘇。1912年一月一日，中華民國開國，蔣於三月再度赴日，修習德文，爲留學德國作準備，並創刊《軍聲》雜誌。

此時中國內部情勢紛亂，袁世凱在辛亥革命後控制了共和政府。民國二年（1913年）三月，發生了當時甫獲勝選的國民黨黨魁宋教仁之刺殺案件，最大的嫌疑犯直指遭內閣制架空的總統袁世凱。孫中山起而號召討伐袁世凱，以陳其美爲上海討袁軍總司令，於是蔣再度回國相助。七月在上海召集舊部，急攻江南製造局，因國際干涉而解散；九月，各地討袁軍相繼失敗，史稱「二次革命」。之後孫中山東渡日本，組織「中華革命黨」，這時蔣仍在上海祕密部署討袁軍事，乃首先宣誓加入。此一時期，蔣居於上海，傳說與當地青幫*有所接觸。之後他赴日本，面見孫中山，孫託以重要革命任務。1914年，蔣先後於上海和東北籌劃策動軍事，並尋找屬於他自己的革命哲學——初以「弱肉強食，優勝劣敗」爲心得，後經孫中山指正「大道之行，天下爲公」才符合革命的宗旨，並提示他應研究《大學》、《中庸》之道，蔣於是開始認眞研讀兩本經典，終其一生從無間斷。

▲東北車站留影

此照是民國初年蔣奉孫中山之命，到東北從事情報蒐集工作，在東北某車站的留影。他嘴唇緊抿，面部線條嚴肅，但仍有種意氣昂揚的神色。三十多歲的蔣介石，其實是個性格激烈的剛直漢子，對於不如意事往往反應激烈，難以坐視不管。於是我們看到他不斷棄職回上海，接著再由孫中山不斷拍電報召回。這樣的循環，在孫中山任命他擔任黃埔軍校校長時告一段落。

1915年袁世凱圖謀稱帝，國民黨發起反袁運動，蔣也在上海策動肇和兵艦起義，1916年四月，率兵突擊江陰要塞，並且占領五日。五月陳其美被刺身亡，蔣在敵兵環伺中，挺身而出為之治喪，同年袁世凱病逝。

＊青幫：為中國具有長久歷史的黑道幫會，從前以運漕業為主，又稱為糧船幫，　是清朝分布最廣的民間祕密結社之一。

17

早年的蔣中正血氣方剛、個性激烈、言語輕佻、和後來的端莊形象大為不同。年輕的蔣其實和現在的年輕人一樣，也有為情所困、不可自拔，或者情緒失控、與人鬥毆的時候。蔣曾因為訪友途中遇見人力車夫被欺負，憤而出拳相助；也曾與女子纏綿相思，不能自己，而留下「嗟呼！情之累人，古今一轍，豈獨余一人哉！」的感嘆。不過，他總算能反省檢討，開始閱讀大量宋明理學的書籍，以為修身養性，大陸學者楊天石即指出，此時蔣從一個「上海洋場的浮浪子弟」，漸而轉變成「信仰宋明理學的道學家」。[2]

1917年，因北洋軍閥無意遵守《中華民國臨時約法》，張勳隨後發動復辟，擁護還住在故宮中的末代皇帝溥儀復位。孫中山於是率領海軍南下廣州，號召「護法」，蔣奉命留上海主持黨務軍事。1918年，經孫中山介紹，蔣在陳炯明領導的粵軍中擔任作戰科主任，但旋即因與陳炯明不合而離去。適逢1919年發生「五四運動」，蔣也受到時代思潮的衝擊，回到上海向孫中山陳述留學英美計畫，但未獲允同。兩年後（1921年）母親王太夫人病逝，蔣哀痛逾恆，杜門守制，孫中山勉以「移孝作忠」。

1922年六月，陳炯明與孫中山決裂，發動砲擊廣州總統府，孫中山先生避難於永豐艦上。蔣聞訊後，立刻從上海趕赴廣東，登上永豐艦與孫中山會合，協同指揮作戰、出謀劃策。歷險四十餘天，孫中山終於在八月九日脫險，蔣隨孫中山回到上海，並撰著《孫大總統廣州蒙難記》，由孫氏替他作序。之後他奉命為東路討賊軍參謀長，赴福建整頓各軍，並討伐陳

▲巡視黃埔軍校，時任北伐軍總司令

黃埔軍校是蔣一生事業的基石，黃埔畢業生也是他事業的最得力助手。黃埔軍校誕生於中國國民黨聯俄容共的時期，孫中山鑑於陳炯明之叛，而思建立革命武力，決定籌辦軍校。1924年5月，蔣中正受命為軍校校長，並親兼該校總理。因校址設在廣州黃埔長洲島，習稱「黃埔軍校」。1924年6月16日，黃埔軍校舉行開學典禮，孫中山親蒞主持，並頒訓詞「三民主義，吾黨所宗……咨爾多士，為民前鋒」用以期勉軍校學生，該訓詞成為日後中華民國國歌歌詞。而我們日後常見的「親愛精誠」此四字，乃為蔣中正所提的校訓。

炯明。1923年，孫中山將大本營遷回廣州，改組國民黨，實行「聯俄容共」政策，允許共產黨員以個人身分加入國民黨；同年派蔣等人組織代表團，赴俄考察蘇維埃體制的政治與軍事系統，旅蘇期間，因蘇俄不正面允諾援助革命政府並堅稱外蒙屬於蘇俄勢力範圍，使蔣頓生反感，自此認定共產主義不適用於中國。1924年，蔣回到廣州，向孫提呈訪俄心得，隨後被任

命為黃埔軍校校長，自此掌握軍權。黃埔建軍初期，蔣培養出一批對其忠心耿耿的年輕軍官；在1925年前，黃埔學生軍在爭奪廣東省控制權時已初露鋒芒。

從上述簡短的敘述，我們看到蔣參與多項軍事活動，突擊、暗殺、蒐集情報，以及率兵占領要地等行為；也曾在上海放浪形骸、與友人合資投資股票交易，史家黃仁宇稱民國初年的蔣跡近「遊俠浪人」。對於冒險犯難，年輕的蔣介石從不害怕，即使日後他的政敵如李宗仁，也稱讚他的勇敢。可以想像，這時候的蔣，和日後他成為「民族救星」、「英明領袖」的穩重自持模樣，一定有很大的不同。

壯年軍人

1925年三月十二日，孫中山病逝於北京，當時蔣正率黃埔學生與教導團官兵三千人「東征」，討伐陳炯明，三月二十二日遙祭孫中山，誓言：「敬遵總理遺囑、繼承總理之志、實行國民革命、至死不渝」。當時一般認為，孫中山遺囑的執筆者汪精衛與代理孫中山大元帥的胡漢民將領導國民黨，不過蔣所掌握的軍事力量，使他憑一介將領擊退汪精衛與胡漢民，奪得黨的主導權。

1926年七月，蔣中正被任命為國民革命軍總司令，誓師北伐。北伐進展一路順利，1927年一月，在中共和蘇俄顧問鮑羅廷（M. Borodin）的支持下，國民政府與國民黨中央遷往武漢，由汪精衛擔任主席；第二批啟程的中央執行委員停留南昌，後北伐軍攻克南京，蔣宣稱定都南京，於是同時之間，出現兩個國民政府與三個國民黨中央，史稱「寧漢分裂」。

1927年四月，蔣在上海策劃清黨，於四月十二日採取行動：鎮壓工會，逮捕中共黨員與左派分子，自此蔣與中共決裂。隨後，武漢國民政府也開始清除內部的中共人員，驅逐鮑羅廷；同年七月，「寧漢合流」（南京與武漢的國民黨人合作），為求雙方的團結，蔣一度辭去總司令下野，並利用這段空檔時間前往日本訪問。共產黨在幾次失敗的城市武裝暴動後，退到農村地區發展。

1928年四月，蔣中正親自指揮北伐軍渡過黃河；同年十二月，東北張學良宣布東北易幟，北伐至此結束，中華民國在形式上得到了統一。比起當時各據一方的群雄，蔣以上海爲中心，恃長江三角洲東南各省爲根據地；史家許倬雲認爲，蔣抓住了時代性的條件，他的根據地使他獲得了雄厚的經濟力量，以及沿海城市中產階層、資本家和知識分子的支持，這種看清全國資源分布趨勢的目光，是蔣從群雄中脫穎而出、主宰江山的主因。[3]

1927年蔣下野期間，做了兩件大事：一是赴日訪問，二是與宋美齡結婚。前者讓他在戰前與日本方面的人脈廣泛接觸，並增進對日本的了解，從而在日後對日本的交涉獲得助益；後者不但使蔣從此改信基督教，並讓他找到相伴一生的伴侶與事業上的夥伴。與宋美齡結婚前，蔣中正原有奉媒妁之言結縭的元配毛福梅（蔣經國的生母）、上海時期的側室姚冶誠，以及廣州時期另娶的陳潔如等妻妾，至此蔣登報，與她們全部脫離關係。

▲赴日邀宴

這張照片是1927年9月，蔣在赴日訪問前，接受日本駐上海總領事的邀宴，在「月酒家」所攝。蔣總司令也吃日本料理嗎？從這張照片，也許可以猜想：蔣也是邊吃著「沙西米」生魚片，喝著清酒，和日本人交談吧！

▲與北伐軍各路司令

這張照片為蔣與北伐軍各路司令合影。從左自右分別為閻錫山、馮玉祥、蔣中正、李宗仁，此時蔣與三人合作共創了「北伐統一」的榮景，實現了所謂總理（孫中山）的遺願，日後四人卻走向不同的恩怨情仇之路。

除上述之馮外，李宗仁（1891-1969）為「桂系」首領；1928年4月，李氏出任國民革命軍第四集團軍總司令，但在1929到1931年的連串內戰中，李氏均站在反蔣的一邊，而其統治的廣西與國民政府保持著既合作又獨立的關係。抗戰爆發後，出任第五戰區司令長官，指揮山東、江蘇、安徽三省的抗日軍事；1938年3月率兵在山東台兒莊重創日軍，為抗戰以來國軍首次大規模勝利，揚名國際。1948年4月更當選行憲後第一任副總統，隨著國共內戰的逐漸失利，開始倡議與中共和談，要求蔣下野；翌年1月起代行總統職務並與中共展開談判。國、共談判破裂後，李氏以就醫為由飛往香港，12月轉赴美國。1965年夏天李氏自美國返回中國大陸，1969年1月30日病逝北京。

而閻錫山（1883-1960），在辛亥革命時舉兵起義響應，被山西省諮議局及山西軍、政各界代表推舉為都督；自此閻氏治理山西三十餘年，有「山西王」之稱，國民革命軍展開北伐後，歸附國民政府。翌年3月出任國民革命軍第三集團軍總司令、山西省政府主席等。北伐結束後，1929年11月更升任陸海空軍副司令，但暗中與馮玉祥、李宗仁等反蔣地方軍人合作，1930年5月引發了民國建立以來最慘烈的一場內戰「中原大戰」。抗戰時閻出任第二戰區司令長官，提出「兵農合一」的制度，有效經營山西軍、政。1949年3月閻氏被代總統李宗仁召往南京，商討與中共和談事宜；國共和談破裂後，6月閻錫山被李宗仁提名為行政院院長兼國防部部長。當時行政院已南遷廣州，情勢危急，閻氏宣布將組成「戰鬥內閣」，希圖扭轉敗局，但情勢已頹，行政院陸續遷往重慶、成都，1949年12月閻氏飛赴台北，宣布行政院在台辦公，成為中華民國政府治理中國大陸時期的最後一位行政院院長。來台後閻氏擔任總統府資政，在此安享晚年，1960年5月23日因心臟病突發辭世，享年七十八歲。

蔣宋聯姻，新崛起的中國軍事強人與掌握雄
厚財力、美國關係的宋家小妹結合，在當時即被
視爲是一場「政治聯姻」、政壇權謀的組合。然而
蔣、宋兩人終其一生以感情彌篤打破了外界的質
疑，夫唱婦隨，十分恩愛，成爲對方互相倚靠的
伴侶，宋美齡以其留學美國的背景，日後更成爲
蔣外交上的得力助手，「蔣夫人」亦成爲貫穿近
代中國五十年的「第一夫人」稱號。

▲上海受訪，攝於1927年

這張圖片為3月6日蔣在上海龍華司令部接受日本記者訪問時所攝，五個星期之後，蔣中正即開始清黨。

◀ **蔣與馮玉祥，攝於1928年2月**

此時蔣也開始與北方軍閥有所交手、往來，這些北方軍閥雖支持北伐，卻也極力保持自己的地盤與勢力，如馮玉祥（1882-1948）就是一個典型例子。

馮玉祥出身晚清「淮軍」發展而出的軍事系統，1922年時出任陸軍檢閱使，在陝西發跡，所以其部隊被稱為「西北軍」。1926年，他加入國民黨，擔任北伐軍北方的友軍，隔年又與蔣合作清黨，成為北伐成功以後四大集團軍總司令之一。但是在1929年，因為裁軍意見不同，馮與蔣兵戎相見，日後也成為蔣的政敵。

這張照片是蔣中正和馮玉祥在1928年2月在河南開封的合影，照片中馮玉祥穿著粗布棉襖製成的軍裝大衣，蔣的軍服則合身熨貼，修飾妥貼，不知是蔣臨時邀請馮合照，或者別有故事？但這張照片兩人的衣著，很生動的說明馮、蔣二人的差別。

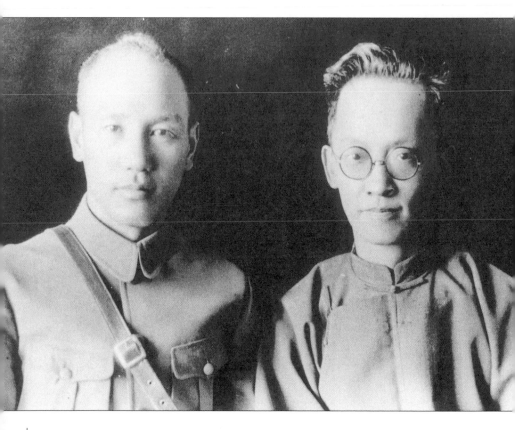

▲蔣與國民黨元老胡漢民的合照

胡漢民（1879-1936）是從同盟會時期就跟在孫中山身邊的核心革命黨人，個性耿直激烈，在廣東政府當中地位僅次於孫中山，他在北伐以後乃至於中原大戰期間，擔任立法院長一職，堅定支持蔣中正與南京國民政府，史家郭廷以稱「有相當的影響力」[4]。然而到了民國二十年（1931），蔣、胡兩人因為意見不合而起激烈爭執，蔣一怒之下將胡軟禁在湯山，從此兩人決裂，一直到胡漢民過世為止。蔣胡之爭，象徵國民黨「黨權」和「軍權」的矛盾跟衝突。照片中，蔣身著軍裝，沒有標示軍階，胡則眼鏡、長袍，一派民國文人姿態，這是當時國民黨兩大權力高層的合作與合影。

▶蔣總司令訓話

北伐軍總司令時期的蔣中正，看起來面容嚴肅、殺氣騰騰，是個一動一靜皆符合軍事操典的標準武人。這是北伐軍第四軍進展至山東藤縣時，蔣總司令對部隊官兵訓話所攝。

▲與頭山滿合影

蔣訪日後，拜訪不少政要與同情中國人士，這是他於1927年10月與日本黑龍會首、孫中山的友人頭山滿在東京的合影。蔣身穿西服，雙手扶膝，端坐在榻榻米上，看來輕鬆愜意。

迎娶宋美齡～

▲蔣中正與宋美齡婚前合影

這種顯露在表情的輕鬆，或許正是蔣心情的寫照。因為訪日不久後，他便與芳齡三十的宋美齡於上海成婚，上圖為倆人婚前的合影。

▲蔣中正與宋美齡結婚照

此為婚禮中同唸結婚誓詞的情景。

▶ 上海新房

結婚之後，倆人在上海度過幾
天蜜月，這是這對新婚夫婦在
上海的新房。

蔣委員長

從1928年起，中國暫時形成統一局面，儘管大小內戰仍然不斷，但是一般老百姓以及知識分子公認的中央政府，是位於南京的國民政府，而這個政府的實質領導人就是蔣中正。在這個時候，他從軍人身分，躍居為領導國家方向的政治領袖。1932年起，國民政府為了應付日本軍事威脅，成立軍事委員會，蔣就任軍事委員會委員長，從此「蔣委員長」便成為他最常被提起的職稱。

1928年到1937年，蔣中正領導南京國民政府努力建設，這段時間，後來被學者稱之為「黃金十年」。但這段所謂「黃金十年」，其實是在內憂外患交相侵逼的情形下度過的。外患是野心日熾的日本軍，不斷藉由製造各種衝突以要求中國領土特權；內憂則除了各地擁兵自重、不服中央政令的地方軍閥派系，還有在江西、湖南、福建等省分均已建立蘇維埃政權的中共。

1930年，原本在北伐中並肩作戰的戰友，因為部隊編遣產生衝突，進而串聯國民黨內反蔣的所有人馬，在北平組成新的國民政府，與南京爆發了「中原大戰」。雙方沿著津浦、瀧海等幾條鐵路幹線激戰，本來相持不下的局面，因東北張學良決定派兵入關「挺蔣」而以南京政府的勝利告終。之後，對於各地方軍閥，蔣採取分化、收買的方式，逐步削弱他們的實力；而對於日本的步步進逼，蔣認為中國準備不足，實力有限，不能硬拼，只能一面埋頭建設，一面與日本交涉。

從留下的資料當中看出，蔣在南京辦公，作息十分規律。甚至感冒時，仍然維持每天凌晨五點起床，批閱來電，連記日記的習慣，都未因身體或國事緊急狀況而中斷。

照片當中的蔣中正，看來總是態度沉穩、胸有成竹，其實，處於劇烈變局下的他，也會有異常激烈的情緒反應。我們可從「九一八事變」後，摘錄自蔣日記編寫成的《蔣中正總統檔案：事略稿本》這幾天的記載來觀察。1931年九月十八日晚間，日本關東軍聲稱中國軍人破壞鐵軌，發動軍事行動，占領瀋陽，是為「九一八事變」。九月二十日，蔣獲確報，知道東北全部落入日人之手，「通宵未得安寐」；二十一日，又有「憤慨國難，又不成眠」的記載；至二十二日，蔣起床後「悲戚痛楚，欲哭淚乾」，而終於在上午對黨員「揮淚報告」。[5] 蔣的失眠與痛哭流涕的情緒反應，既足以說明他身任國事，其壓力之大，可以知道他也是個有血肉情緒的真實人物，也有難以自持的時刻。

當時任北大文學院長的胡適，在日記裡記載了1933年三月在保定與蔣的一次談話：

我們問他能抵抗否，他說，須有三個月的預備。

我又問：三個月之後能打嗎？

他說，近代式的戰爭是不可能的。只能在幾個地方用精兵死守，不許一個生存而退卻。這個樣子，也許可以教世人知道我們不是怕死的。[6]

此後整個抗戰政略與戰略的布置和發展，的確如蔣所預言，只不過，在蔣領導之下，中國抵抗了八年之久，而不僅止於幾個月。

但是另一方面，蔣認為中共是中國的心腹之患，也是「整個民族的致命傷」[7]，必須先加以剿滅，才能集中力量來對抗日本的侵略，這就是所謂的「安內必先攘外」。因此在1931年起，蔣中正積極部署部隊，陳兵於中共蘇區，並風塵僕僕奔走指揮，開始「五次圍剿」。歷經幾次失敗，第五次圍剿由蔣中正親自到南昌指揮，以碉堡戰術封鎖蘇區經濟，終於逼迫中共放棄原來根據地，展開所謂「兩萬五千里長征」。

中共所謂的「長征」，實際上是從華南到西北尋找新根據地的一次大逃竄，最後被侷限在陝北。當時負責陝北剿共軍事的將領，是東北軍「少帥」張學良，丟失東北的他，無心與紅軍接戰。1936年十二月，蔣飛抵西安督導最後階段的剿共軍事，張學良苦求蔣委員長「停止內戰，一致對外」，但遭到蔣的嚴厲呵斥。十二日凌晨五點，張學良與西安綏靖公署主任楊虎城聯手發動兵諫，包圍蔣住處，擊斃侍衛及秘書多人，並扣押隨蔣前往的中央官員，這就是著名的「西安事變」。

西安事變固然是中國近代史的關鍵轉折點，但也對蔣中正的身心造成重大影響。兵諫當夜，蔣中正聽到槍聲，匆忙之間在侍衛蔣孝鎮的幫助下翻牆而出，摔落在牆下深溝，造成牙齒脫落，脊椎也跌傷，只能藏身在山澗石縫，仍被張部尋獲。日後他的牙齒全數脫落，不得不更換全口假牙，

▲巡視廬山

此為1937年巡視廬山軍官訓練團時所攝。1933年5月，蔣有感於之前一連串剿共行動的失利，將進攻中共蘇區的國民黨軍重新編配，組成「贛粵閩湘鄂北路剿匪軍」，成立「軍事委員會委員長南昌行營」親自督師。為了重新喚回軍隊的革命精神，更特別成立此一訓練團，團址設在海會寺，照片後方可見軍官訓練團的轅門，高懸蔣親手所書「軍人魂」三字。

大家若是對早年的愛國電影《英烈千秋──張自忠將軍》留有印象，結局最令人動容的一幕，即是飾演張自忠將軍的柯俊雄先生，在日軍包圍之下彈盡糧絕且後方無援，張將軍無視日軍的勸降，最後抽出一把短劍自盡殉國。而這把短劍的名稱就是「軍人魂」，此名稱的濫觴即是由此訓練團結業的學員所獲頒的紀念配劍而來。

食物也多以較軟易吞食爲主，且須長期腰椎復建。這些生理上的改變，使蔣不由得意識到：他年逾五十，兒女不在身邊（蔣經國仍在蘇聯），不禁感嘆自己的孤獨與衰老。

蔣把張學良視爲自己的子侄，張學良發動兵變脅持他，令蔣在心理上深受打擊。蔣將被扣押在西安十二日的回憶，寫成《西安半月記》，文中提到事變當日張學良來見，蔣劈頭便罵：

爾尚稱余爲委員長乎？即認余爲長官，則應遵余命令，送余回洛陽。否則汝爲叛逆，余既爲汝叛逆所俘，應即將余槍殺，此外無其他可言也。

爾今究自認爲部下乎？抑敵人乎？如爲部下，則應服從命令送余回洛，如爲敵人，則立斃余可耳！二者任汝擇一行之，他不必言，即言，余亦不能聽也。[8]

文辭看來大義凜然且無所畏懼，想來這段文字應在事後經過幕僚及文膽的修飾，已非「原汁原味」，然而當時蔣的憤怒之情卻仍被保留其中，埋下後來張學良遭到半個世紀軟禁的導火線。

張學良與楊虎城的「兵諫」，讓蔣中正的「安內必先攘外」功虧一簣，進而造成中共在抗戰期間的坐大；不過西安事變的發生，證明了蔣中正在當時有其不可替代的聲望，也建立日後他領導全國八年抗戰的基礎。

▲巡視江陰要塞，攝於1937年

江陰位於長江鎮江下游，江流至此寬不到兩公里，水深流急，地勢險
要，扼長江咽喉，為南京之屏障。

國民政府戰前即對江陰要塞進行整建，計裝有要塞砲二十一門，作為國
民政府海軍的重鎮。當時國民政府為培養海軍人才、建設新海軍而設的
一所海軍學校，有海軍的黃埔軍校之稱的電雷學校亦設於此處。在淞滬
會戰時，此一要塞即發揮莫大的防衛力量。日後1949年共軍渡江，亦是
由此處越過長江這國民政府的最後天險，進攻南京。

◀1937年與陳立夫攝於廬山

廬山為南方最為知名的避暑勝地之一，近代開發由英國
傳教士李德立在牯嶺購地建屋開始。

蔣對此地情有獨鍾，除購有別墅外，時常在此召開各類
會議，甚至把辦公地點也搬來，廬山因此被稱為中國的
「夏都」。[9]

▲廬山的「最後關頭」演說

1937年7月7日,盧溝橋事變發生。17日,時任軍事委員會委員長的蔣中正,在江西廬山發表了著名的「最後關頭」演說,稱「如果放棄尺寸土地與主權,便是中華民族的千古罪人!那時便只有拼全民族的生命,求我們最後的勝利」,「臨到最後關頭,便只有拼全民族的生命,以救國家生存。最後關頭一到,我們只有犧牲到底,抗戰到底」,「地無分南北,年不分老幼,皆有守土抗戰之責!」句句宣示了對日抗戰到底的決心。

▲為成都上清宮題字，攝於1930年

四川因地理環境優越，為抗戰大後方的最佳根據地。但由於1938年1月原四川地方
實力派劉湘在率軍出川抗日時病逝，四川內部各勢力繼而相互爭鬥，蔣曾為此「食
時寢時，甚至夢中，終不能暫時釋懷，此乃一切問題之根本。」1939年9月，蔣自
兼四川省省主席，增調軍隊赴川，局勢才漸穩定。

八年抗戰

　　1937年七月七日，日本與中國軍隊在河北省宛平縣蘆溝橋發生武裝
衝突。幾天以後，蔣中正在江西蘆山發表了「最後關頭」演說，宣示抗戰
到底的決心，不再對日本退讓，戰爭於是正式爆發。緊接著在同年八月，
淞滬會戰開打，國民政府不久後宣布遷都武漢，之後再遷至重慶。蔣的生
活舞台也由十年訓政的首都南京，轉往山城重慶。

1938年，國府西遷，西南行轅主任張群徵用了重慶的上清寺、國府路、曾家岩一帶房舍，作爲中央機關辦公處所。上清寺附近有類似上海里弄般的小巷，蜿蜒而入，錯落著數棟兩層洋樓；最深處的德安里，就是蔣委員長在重慶的官邸。門口由數層警衛圈構成安全線，平時相當靜謐而有紀律。另外，在歌樂山及南岸的黃山，也都設有蔣的官邸，八年抗戰時光，蔣多在這裡度過。

　　據曾經在蔣的幕僚單位——「侍從室」工作過的張令澳回憶：蔣在重慶，集大權於一身，工作量非常大。他的生活規律，工作定時，嚴格按照規定程序批閱公文、召見部屬、會見賓客，並出席重要會議、發表談話。在官邸，每週舉行一次「工作晚餐」會報，利用晚餐時間約集幕僚，並邀請一些社會名流、學者專家，聽取他們對若干國是的意見。張令澳參加過一次「工作晚餐」，當晚約集的是歷史學者傅斯年、《大公報》社長胡政之、參事室主任王世杰、外交部政務次長吳國楨等人。

　　在官邸這樣規律的生活中，蔣度過了八年抗戰之中各式各樣的衝擊與挑戰：汪精衛的出走、日軍對重慶的大空襲、美軍參謀長史迪威要求「全部華軍指揮權」風波等等。在無比規律、按表操課的生活裡，其實蘊含的是蔣堅強不服輸的意志力，與排山倒海、無時或已之壓力的相互激盪。

▲赴廬山東星子，攝於1937年6月1日

此照是赴廬山東星子時換乘小艇所攝。照片中蔣著馬掛，戴著西式呢帽和一副太陽眼鏡，與常見其一身戎裝或筆挺裝束的形象迥然不同。

▲赴廬山圖書館，攝於1937年7月5日

巡視廬山圖書館後欲返回官邸時所攝，搭乘著中國遊山時最風雅和傳統的交通工具
——轎子。

▲赴廬山仙人洞，攝於1937年7月10日

1937年7月10日，蔣出遊廬山仙人洞。仙人洞乃是一個由砂岩構成的岩石洞，由於風化和長期沖刷逐漸形成的天然洞窟，相傳是道教的福地洞天，而成為遊人喜愛的勝景。

▲與孫殿英將軍合影

此張為1937年8月14日與孫殿英將軍的合影,乃是軍人合照時難得出現的生動照片。孫殿英(1889-1947)為河南永城人,原為河南安徽一帶的地方勢力,1925年加入國民革命軍,1928年曾主導盜取清東陵的事件而惡名昭彰,後又多次與馮玉祥、閻錫山參與反蔣行動。1932年,日軍進攻熱河時曾率軍抗日,因此稍挽回其聲譽,抗戰爆發其再度復出領軍與日軍作戰,卻在1943年率軍投降日本,成為華北偽軍和平救國軍的一支,抗戰結束後孫再度加入國民政府軍隊,參與國共內戰,1947年戰敗病死於戰俘營。

▲漢口空軍基地接見俄國顧問

此張攝於漢口空軍基地，蔣於此接見俄籍顧問。蘇俄由於戰前國共合作的影響，實為抗戰初期時少數給予中國援助的國家，1937年9月蘇俄即派顧問團來華，11月借款五千萬美元給中國用以購買飛機。

▲巡視南嶽衡山，攝於1941年10月

這時赴湖南乃是1941年9月第二次長沙會戰（大捷）甫獲勝，蔣中正巡視此地軍
務，在路邊擺起簡單的木桌板凳就吃將起來了。畫面左方者即為蔣經國。

▶ 訪問甘地，攝於1942年

1942年2月18日，蔣氏夫婦訪問印度與聖雄甘地合影。由於日軍進攻緬甸，中國為
保護滇緬交通，願協防緬甸。此時赴印度乃是為勸說英國宣布印度為自治區，而與
正領導印度獨立運動的甘地討論可否接受此條件暫時放棄獨立的要求，先合力抗
日，使英軍無後顧之慮，得以在緬甸作戰。但是甘地反應冷淡，英國方面邱吉爾亦
不接受此交換方案，因此緬甸的英軍為保存應付印度之實力，無心抗日，緬甸逐一
失守，蔣即派軍赴緬甸作戰，但又因戰略與史迪威不合而成果有限。

▲與尼赫魯相晤

此張為蔣氏夫婦與另一領導印度獨立運動的要角尼赫魯，午宴時所拍攝。尼氏日後
成為印度獨立後第一任總理。

▲蔣就任國民政府主席，攝於1943年10月10日

蔣中正穿著大禮服佩帶諸多勛章，蔣此時獲頒重要勛章計有如：1936年1月1日，國民政府以蔣任職參謀總長時服務優良，特頒的一等大綬雲麾勛章，中心為杏黃旗矗立雲霄圖，四周為光芒，頒授對象為捍衛國家或鎮懾內亂，建有戰功之軍人，及對戰事建有功勳的非軍人或外籍人士；與1930年2月24日，國民政府以時任國府主席的蔣保護國家有功，特頒的一等大綬寶鼎勛章，其中心為寶鼎，四周為光芒，頒給捍禦外侮或鎮懾內亂、具有戰功的軍人，及對戰事建有功勳的非軍人或外籍人士。

▲蔣中正與蔣緯國（右）

蔣緯國幼名建鎬，號念堂，生父實為黨國元老戴季陶，受戴此重託之後，蔣中正將他交給偏室姚冶誠撫養，姚對其視如己出。蔣中正亦對他十分疼愛，曾說：「經兒可教，緯兒可愛。」

其年少時即立志從軍，1936年二十歲時就讀德國慕尼黑軍事學校，三年後轉往美國學習裝甲部隊軍事，二十五歲返國抗戰，對中國裝甲部隊的建構與訓練均有建樹。

▲工作晚餐

按侍從回憶，用餐時間到。蔣陪著客人邊談話邊進入餐廳，眾人起立，蔣請客人就座，眾人也紛紛入座。由三位副官、侍衛為所有人布菜端飯。首先上的是一小碗原汁雞湯，接著是四菜一湯的簡單江浙菜色。每個人面前放有碟盤，公筷母匙，把菜夾到碟中再進食。席間不喝酒，邊吃邊進行談話。蔣吃完後，副官會端上一杯溫開水，蔣脫下假牙漱口，整個「工作晚餐」於晚上八點結束。[10]

▲接見魏德邁，攝於1944年11月11日

魏德邁為接替與蔣中正多有衝突與不合的史迪威，擔任中國戰區參謀長一職。

▲祭拜父親　此為1947年4月，蔣氏家族合赴溪口祭拜蔣中正之父肅庵。

總統蔣公

領導全國軍民，飽經敵國的汙衊、盟國的侮慢，以及國人同志的中傷和打擊，終於獲得抗戰勝利，國土重光。無論至何處巡視，無不受到民眾自動列隊歡迎，蔣中正此時的聲望達到了畢生的高峰。

但是也就在此時，多年來隱藏在抗戰烽火下的種種問題，逐漸浮上檯面。黃仁宇即認為，蔣中正為了建立新中國的高層體制，用盡了公私關係、人身聯繫的一切可能，甚至造就經濟上嚴重的透支，從而使得戰後一切局面的崩壞更加迅速。

雖然人心皆盼望和平，然而戰後國民政府和中共之間的衝突愈演愈烈。許多人們回到了滿目瘡痍的故鄉，迎來的卻是另一場戰爭。儘管有美國的介入調停，也有各方呼籲戰後合作的努力，但是國共之間十多年來所累積的仇怨，以及彼此對中國未來走向的不同規劃，已經不是談判桌可以壓制得住了。內戰在對日抗戰結束後不到兩年，又再度開打。國民政府雖然在一開始略占優勢，但是此刻自農村「土改」、「翻身」起家，徹底改造中國底層結構的中共，卻和大都市當中坐困愁城的國民政府換了個位置，把國府當成是兵強馬壯卻深陷泥沼的日本，扮演起「鄉村包圍城市」的角色。紅色浪潮如不可抵擋的狂流，一下子把原有的體制撕裂崩解，中國面臨前所未有的變局。

1947年起，蔣不斷地在北平、瀋陽、西安、南京等都市奔波飛行。為的是督導戡亂軍事，他在不停奔波中雖然仍勉強維持規律的生活，早上固定早起、晨操、禱告，可是在他堅持事必躬親、必須親自規劃各地戰場的大小計畫，親自擬定每一封電報，每天不斷的焦慮籌劃，使他嚴重的神經衰弱、失眠，必須藉助安眠藥方能入睡。他直接指揮的習慣，終究無補於大局的糜爛：東北戰場在擋住林彪的連續六波攻勢之後，原本精銳的國軍已經無力反擊，只能困守在長春、瀋陽兩個大城當中，鐵路被切斷，一切糧食必須仰賴飛機運輸；華北的大城也逐一陷落，美國的軍事援助卻又遲遲不來。在南京、上海、北平等大城市當中，通貨膨脹愈來愈嚴重，鈔票如同無用的廢紙，公教人員毫無保障；學校裡，學生運動如火如荼，「反內戰」、「反飢餓」的口號響徹雲霄，即使軍警仍可壓制示威浪潮，但人心思變、大局潰敗的徵兆，卻是無可隱瞞。在這段時間裡，蔣把他個性中堅強的一面，展現得淋漓盡致，不過他並未思考何以大局頹敗如此迅速，仍然一心想藉軍事上的勝利來扭轉僵局。

　　就在這個敗訊頻傳的年代，國民政府仍繼續進行其「制憲」大業。各省的百姓經歷了中國有史以來的首次民意代表普選——儘管這次選舉怪狀百出。1948年三月，這群各省「選出」的國大代表們在南京召開了第一次國民大會，蔣中正以2430票被選舉為總統，從此，「蔣主席」成了「蔣總統」，尊敬他的人，甚至稱呼他為「總統蔣公」，以後在台灣，「蔣公」的前方還要挪抬一格，「以示敬意」。

◀ 宣布抗戰勝利

民國三十四年8月15日，抗戰勝利對全國廣播：歷史學家會說，八年對日抗戰的勝利，是蔣一生成就的頂點，可是對蔣個人來說，他孤身一人承擔著這八年來各式各樣排山倒海而來、非常人所能承受的龐大壓力，若非他過人的個人修持與意志力，恐怕早已崩潰。而即使如此，壓力與焦慮，仍然在他極度克制的身上現出蹤跡。抗戰時在中國採訪的美國記者白修德（Theodore White），對國民政府貪汙腐敗、縱容特權的種種情況有嚴厲的評擊，但他卻也如實記錄下抗戰勝利，蔣對全國廣播宣布此消息的瞬間，極為生動的描寫了蔣的個性。這段文字經由史家黃仁宇傳神地翻譯成生動的中文，尤其能讓我們在數十年之後，猶能感受到那個關鍵時刻瞬間的氛圍：

「1945年8月，蔣安靜的坐在重慶一間氣悶的廣播室裡，準備告訴中國人民抗戰事業已終結。他和平日一樣凝固的沉著。他的頭頂剃得精光，不著絲毫白髮的痕跡。他的卡嘰軍裝上衣毫無瑕疵，不掛勳章，衣領緊扣在喉頭，上有斜皮帶鉤扣著，一管自來水筆掛在口袋之上。廣播室溫熱，內中的二十個人汗流浹背，只有委員長看來涼快。他調整著角質框的眼鏡，看了面前桌上紫紅色的花一眼，慢慢的對著擴音器用高調而清爽的聲音告訴人民仗已打勝。他說著的時候，室外的喇叭傳播著這消息。街上眾人認出了他明顯的汽車，聚集在石砌的建築之門外，他可以聽到輕微的歡呼之聲。

他的演講歷時十分鐘。突然他的頭顱低垂，失眠的眼眶凹陷處現形，在這一剎那的鬆弛，他的平穩之外貌露相，緊張與疲勞在這勝利的關頭顯現在他人身上……」[11]

其實，蔣本來希望由胡適出任總統，好來爭取美國的援助；而他自己則擔任行政院院長，負責戡亂軍事，他在1948年四月四日時，曾對國民黨臨時全國代表大會表示：「總統一職，最好由本黨提出一黨外人士為總統候選人。」這個候選人必須富有民主精神、對中國歷史文化有深切體悟、擁護憲法、對國際情形有深入的了解，而且忠於國家。[12] 這說的無疑是胡適，而胡適也答應競選，出任總統。但是隔天，國民黨的中常會就上演了「擁護」戲碼，建議由總裁競選總統，當晚，蔣請人告訴胡適，自己仍然被推舉為總統候選人，他在日記中寫道：

此為余一生中對人最抱歉之一事也。[13]

很難說蔣當時不選總統的決定為虛假，但他自此擔任總統至死為止，卻也是事實。

當選中華民國行憲後首任總統，並未使蔣感到榮耀，蔣在日記裡面記下感想：「願以一身忍受奇恥，擔當大難，以代全體人民之痛苦。」[14] 既然當選了總統，為何感到「奇恥」呢？因為正在此時，除了中共步步進逼之外，國民黨內部正面臨分裂的危機。

蔣中正本希望由孫中山的兒子——孫科，來出任他的副總統，可是在五月副總統選舉當中，國民黨已出現分裂內鬨的危機。黨的力量，無法有效整合支持孫科，蔣出現指揮不靈、下屬不聽命的狀況。經過幾次的選舉，期間也鬧出日後台灣國會殿堂中常見的霸占主席台、動用警察權等紛亂場景，最後由崛起於廣西的名將、「桂系」首領李宗仁當選副總統。

就任總統不久，蔣並沒有長駐於南京，仍然四飛各地，指揮戰事。此時的戰況十分不利，已到了蔣所說「最後萬一」的地步了。

1949年的春天，在蘇北平原的風雪中悄悄到來了。東北已經完全失守，國軍和共軍在徐州附近展開決戰。這場近在南京門外的戰爭，蔣親自指揮籌劃、調度，但仍然不敵風雪之中團團包圍並步步進逼的共軍。一月初，徐蚌會戰失敗，國軍全軍覆沒，這時候，桂系與其他派系聯合起來，要蔣下台，以方便新組成的政府能與中共和談，達成隔長江而治的目的。蔣於是在一月二十一日宣布「下野」，當天就倉皇回到浙江奉化故鄉。蔣回到奉化後，雖褪去總統身分，但仍然以國民黨總裁身分發號施令，繼續和代理總統的李宗仁以及中共周旋。

蔣經國在這一年的日記裡，記下了他的父親，在溪口修家譜、整理圖書、郊遊野餐等種種怡然自得的情景。可是，這不能不說是蔣的強作鎮定，因為中共紅色浪潮的進展，轉眼間便席捲了大半江山。四月二十四日，共軍大舉渡江，首都南京淪陷了，蔣氏父子從奉化附近上船，到上海指揮作戰；從此，蔣又在台灣、舟山（浙江沿海），乃至重慶、昆明、成都等地四處奔波，換取抵抗中共的時間與機會。

在1951年二月二十一日的日記，他回憶了這一整年的心情：「在此一年之中，不僅歷經辛酸苦辣，不僅為世人所唾棄，而且汙衊侮辱，竭盡人世悲慘之境遇，其間所可聊解悒鬱者，惟在家鄉重度童年難得之生活，

▲就任總統

相片為1938年5月20日蔣中正就任中華民國總統時所攝。據李宗仁的回憶,他當選副總統後,蔣得知消息,心情非常差,車隊曾在南京市區和中山陵之間轉來轉去,足見蔣心中的鬱悶焦慮;在5月20日就職典禮前,李宗仁再三問蔣:典禮要穿何種服裝?蔣先說是西裝大禮服,繼而又表示改穿軍常服,但等李宗仁抵達會場,卻看到蔣「並未穿軍常服,而是長袍馬褂,旁若無人地站在台上」。如此使得李穿著軍裝,看來像是蔣的副官,[15] 當場感覺被騙受辱,種下了一年後兩人水火不容的導火線。李宗仁是蔣多年來的政敵,所說未必完全符合事實,不過從這個場景,我們也可以發現:國民黨派系之間的爭鬥,可以從戰場、政壇,一路鬥到服裝衣著!李宗仁既然認為蔣中正是藉服裝來羞辱他,則雙方在危局之中,不能團結合作的情況,也就可見一斑。

與兒孫之孝順。此外在重慶愁城之中， 美國參議員羅倫（William Knowland）夫婦來訪，給予無限之溫情而已。」[16] 對自尊心堅強、從不輕易低頭認輸的蔣中正來說，這一年中，從權力的頂峰被人逼落，受到種種橫逆打擊，乃至從此不能再回父母故鄉，又豈是「辛酸苦辣」所能概述！

▲慶祝世界勝利酒會，攝於1945年9月3日

這畫面實為珍貴，因為那位背對著鏡頭和蔣中正相視而笑、舉杯暢飲的，就是蔣一生所面對最強大的對手──毛澤東。

重回北平～

▲蔣在抗戰勝利後回北平，攝於1945年12月13日

當時抗戰甫告勝利，可以想見蔣重回故土的心情，和機場一片歡迎接機的
熱鬧場面。

▲蔣氏夫婦參觀北平著名景點九龍壁，攝於1945年12月15日

▲遊西山碧雲寺，攝於1945年12月15日

蔣氏夫婦倆人赴當年安放孫中山靈柩的西山碧雲寺一遊，是否想著告慰孫總理說，
你的遺願在此時都已實現了，不再受不平等條約的束縛，更不是帝國主義的殖民
地，中國地位已入世界五強之林。

▲巡視故宮武英殿，攝於1945年12月15日

蔣與清八旗中最高地位的鑲黃旗軍服合照，臉上滿是興奮之情。

這是蔣一生中，第三次「下野」，也是他最後一次回到生養作育他、山明水秀的故里。蔣中正把兒子蔣經國留在身邊，不斷思考為什麼他會失敗的原因；到4月24日蔣離開奉化到上海為止，這對父子走過奉化周遭的各處風景名勝：飛雪亭、妙高台、武嶺、隱潭、寧波金紫廟、江口塔山寺、法華庵、天一閣[17]，這些自然景致，或名山古剎，使蔣平靜，助他思考。此段期間有許多黨政大員來拜訪他，這些地方都留下他們為了討論局勢談話而發出的聲響、四顧蒼茫所踏過的足跡。

台灣歲月

1949年十二月十六日，共軍從四面進逼成都，坐鎮在中央軍校成都分校的蔣中正、蔣經國父子，搭乘衣復恩、夏功權駕駛的座機離開中國大陸，座機起飛之時，機場隱約可聽見槍響。座機經過近八小時切斷無線通訊的飛行，降落在台北松山機場。[18] 從此刻起，蔣中正不曾離開過台灣，他的餘生將和這座島嶼一起度過。

1950年三月一日，因為代總統李宗仁滯美不歸，蔣宣布「復行視事」，回任總統。自此他又再度成為「蔣總統」，或「總統蔣公」，直到逝世。同年六月韓戰爆發，美國宣布以第七艦隊巡防台灣海峽，風雨飄搖的台灣局勢就此逐漸轉危為安。

◀ **毋忘在莒，攝於1959年**

「生命」是由「生活」所構成，從每天的日常微小習慣，逐步形成一個人的生命走向。而無數的大小「事件」，可以構成局面，延續下去，就是我們今日所熟知的「歷史」。

在歷史當中，蔣當然是創造局面的人。身為國家元首，蔣中正每日的生活，自然以政治事務占了最大的比重。如在蔣身體狀況仍佳的時候，時常去外島巡視，既是激勵軍心，也遙望他亟思反攻的中國大陸。這是1959年他站在自己所題金門「毋忘在莒」石下的留影。

▲巡視金門（一）

這張照片是蔣在金門歐厝據點，聽取防衛司令官劉安祺的簡報時所攝。

　　1972年，蔣中正夫婦的車隊爲了閃避一輛突然駛出的軍車，發生追撞。年事已高的蔣，猛然撞及前座，造成胸骨挫傷，蔣的身體狀況本就因爲年歲漸長而日漸退化，1962年時曾經動過攝護腺手術，留下了血尿後遺症，身體狀況慢慢走下坡，至此更造成嚴重的影響。1973年，蔣中正突然陷入昏迷，長達一年之久，後來雖然清醒，但是嚴重的肺積水以及心臟病，終於使他的健康每況愈下，在1975年四月五日，因心臟病突發而逝世。政治強人的辭世，在國家機器的形塑之下，強勢進入了所有人的日常生活中，成爲所有居住在台灣的人們共同記憶裡重大的里程碑，無論這個里程碑是怨恨、是茫然，是歡欣，還是深沉的悼念與哀痛。

▲巡視金門（二）

有時蔣會搭乘軍艦，往返於台灣與前線島嶼，如這張照片。蔣安坐前面閱讀，
後方拘謹蹲坐的是蔣經國，還有當時的金門防衛司令官胡璉將軍（左）。

巡察・演習～

▲視察演習

蔣出身軍人，視察軍事演習是他眾多行程當中的要項。照片中是中美合作的「先鋒演習」，蔣前往視察，後方穿西服者是蔣經國。

▲蔣總統點名

蔣總統威儀赫赫，在外島服役，曾被他召見、點名的人，都有很深刻的印象。這張照片就是經典的「蔣總統點名」場景，蔣正在東引前線，對部隊官兵一一唱名，官兵精神緊繃，惟恐有失。

▲慰問醫護隊

在煙硝瀰漫、砲聲隆隆中，也出現了一些溫馨場景：代號「崑崙演習」的軍事作戰訓練，砲火流彈不慎擊傷附近孩童，蔣前往設置在民房裡的隨軍醫護隊探視慰問。

蔣家族生活祕史

▲與老農民合影

視察演習途中，蔣與八十一歲的老農民蔡丁貴一家合影。

這些照片本是用來傳達「領袖愛民如子」、「軍民合作」的官方宣傳照片，但是今日重新端詳：國家元首與平民、右後方的美軍士兵、民房廳堂裡的佛像和西洋鐘，共同編織成中西文化與政治局勢互相沖激之下的歷史景觀。

外交 · 親善 ~

▲接見外使

既然是國家元首，自然會有接見外賓的場合。如這是蔣氏夫婦接受各國駐華使節公宴所拍攝的照片，站在兩側的是使節團團長（駐在該國時間最久的大使）韓國駐華大使金弘一夫婦。

▼艾森豪訪台

1960年6月18日，美國總統艾森豪訪華，他是第一位訪問台灣的美國總統，蔣對他的來訪非常重視，這是隔日（19日）他與艾森豪同赴士林凱歌堂作禮拜後，步出禮拜堂所攝。

▲歡慶聖誕節

官方公布的照片裡，傳遞的自然是政府宣傳的「領袖」慈祥和藹、平易近人那一面，然而卻也可一窺蔣氏家族的家庭生活。蔣家其實就是近代中國裡，中西文化融合一個具體而微的縮影。如蔣中正篤信基督教，耶誕節在蔣家也是年度的大日子，圖為蔣與家人同年歡度耶誕的情景，耶誕老人彎腰領禮物，在後方微笑注視的是較少露面的俄籍媳婦蔣方良及長孫女蔣孝章。

▲官邸慶生

每年三月初三，是夫人宋美齡的農曆生日，夫婦與家人在士林官邸合影。

1

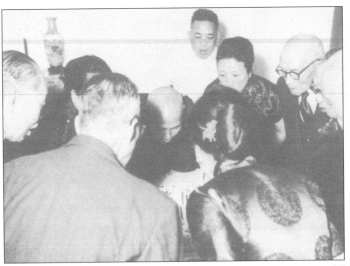

2

蔣中正七十大壽～

1 1956年10月31日是蔣中正七十大壽，對蔣家來說自然意義重大，蔣以家宴款待賀壽的家人。

2 這是餐後與家人合吹蠟燭、分切蛋糕的情景。

3 這年的壽宴來了一位貴客──宋氏三姐妹的大姐，孔祥熙夫人宋靄齡（1889-1973）。1947年，宋靄齡便離華赴美，這是她第一次到台灣來，也是宋氏姐妹（扣掉留在大陸的二姐宋慶齡）首次在台灣歡聚，可說是非常難得的歷史鏡頭。最左就是宋靄齡。

85

▲翻閱宗譜

這張照片攝於1957年10月31日,亦是蔣中正過壽,蔣經國、蔣緯國二位公子陪侍在旁翻閱宗譜。

生活尋趣～

▲角板山渡假偷閒（一）

除了國務以外，蔣中正也有渡假時光。我們以總統府機要室主任周宏濤的回憶為例，來說明蔣氏夫婦到台灣後的第一次渡假行程。

主持上午的黨政會議後，1950年10月24日下午，蔣氏夫婦攜隨扈、侍衛等自台北出發，目的是桃園角板山行館。當時的交通並不便利，一行人先乘汽車到桃園大溪，然後步行到角板鄉（今天的復興鄉），接著搭台車循小鐵軌上山，全程花了四小時。在角板山一個星期，周宏濤不看公文、不看報，白天與蔣夫人打橋牌、晚上看電影。[19] 想必蔣中正的渡假休閒生活，應該也大同小異。

現在角板山行館已經改建為救國團復興活動中心，對全民開放，交通也便利許多。遊客可以經由北二高，到慈湖陵寢集合，先遊覽「蔣公銅像公園」以後，再由北橫公路到達角板山公園，來趟歷史與山林之旅。

這是1959年6月，蔣坐在岸邊含笑觀賞孫子孝武、孝勇，下方就是角板山著名的「小烏來」瀑布。

▲角板山渡假偷閒（二）

如同在大陸時，蔣氏夫婦每年都會赴廬山避暑。角板山行館位於山區，夏季涼爽，很合蔣喜愛徜徉山林、思考國政的脾性。這張照片是1955年7月28日，蔣中正夫婦在角板山行館渡假時所攝，蔣帶著笑容，手持鍋鏟，在當時台灣尚屬罕見的野餐炊具上翻炒，夫人宋美齡含笑於一旁觀看。倆人看來一派輕鬆喜悅，應該是此地真能鬆弛他們在台北繁忙緊張的心緒。

▲漫步鄉間

渡假時，蔣也會在附近散步，到處走走；他非常喜愛「微服出訪」時，感受到「萬民擁戴」的感覺。如這張照片，這位還打著赤腳、神情緊張的泰雅族小孩，正大聲回答總統的垂詢，這把蔣逗得可樂了。

▲蔣氏衣著風格

來台以後，蔣中正的衣著相當樸實單調，平日以中山裝為辦公服，倘若出席軍事場合，則會穿軍常服、佩戴勳章，赴戰地視察時，偶爾會加披風；他年輕時曾穿西裝，民國三十八年（1949）下野後，到菲律賓、南韓等國訪問，也曾穿著西裝，除此之外再沒有穿著西裝的紀錄。家居休閒時，蔣愛穿長袍，足蹬布鞋或舊皮鞋，逢外出時戴頂鴨舌便帽。這張照片就是蔣穿著長袍，偕同長子經國視察中部橫貫公路時所攝。這些衣物，多有補綴痕跡，也可見蔣的儉樸習慣，現在衣物都保存、展示於台北市中正紀念堂。

▲觀馬戲樂開懷

這張照片為蔣氏夫婦觀看來台表演的沈常福馬戲團表演時所攝,也是蔣難得哈哈大笑的情景。雖然情感充沛,帶敏感性格,但是蔣素以理學家「存天理、去人欲」自律,講究儀態端莊,通常都是抿嘴微笑而已,像這樣能夠張嘴開懷放鬆大笑的場景,並不多見。

▲蔣氏風味餐

蔣中正不是美食家，但卻是一個極重視「吃」

的人。前面已經提過，他的食物需以鬆軟容易吞食為主，且要求營養。蔣早年的飲食習慣因缺乏紀錄，難以查考，不過他的近侍所留下的回憶，使得我們可以得知抗戰以來蔣中正的飲食習慣。來台以後，吃飯同樣淪為一處政治運作的場合，蔣總統常邀人共餐，以此交換意見；如「自由中國事件」後，國際，尤其是美國，對台灣的言論自由大為懷疑，蔣即邀自美返國的胡適一起用餐。

士林官邸的正餐，通常為中、西餐交替，若午餐是中式，晚餐就上西菜。雖然如此，蔣對幾樣寧波菜情有獨鍾，吃得較多；也偏好浙江風味的芝麻醬，常用鹽筍沾著吃。[20] 至於熬煮精燉的雞湯，更是從大陸時代起，每餐所不可少。餐後可能會吃一截香蕉，或是一塊香瓜、西瓜之類的水果，蔣的食量不大，吃不完的食物，一定會留到下次進餐時繼續食用。

2005年11月，台北市為配合國際旅遊展，特地推出「蔣公史蹟一日遊」行程。其中蔣來台後的第一個住所──「草山行館」，參酌蔣中正的食譜，推出「蔣公養生餐」，包含有據說是以中藥與雞熬燉而成的雞湯，以及利用微辣的XO醬，配上簡單的麵條、蔬菜製成的「銀芽XO醬佐麵」等。當年的「宮廷御膳」，據稱因為欠缺經營手法，口碑並不甚佳。2006年10月，天祥晶華酒店也推出了「蔣氏風味餐」，掌握季節性及食材可及性，共有十多道菜，從冷盤、熱食到甜點應有盡有，中式及西式並陳，兼顧蔣氏夫婦的口味，招牌菜是蔣當年喜吃的「奉化芋頭鴨」──將烘烤過的鴨肉燉至相當火候，去除多餘油脂，裹以芋頭，入口即化，溫潤不膩。從這些「新瓶舊酒」、舊案新推中，在商業觀光考量之外，也可看出蔣晚年「清淡、少量、營養」的飲食原則。

▲諍友胡適

1958年，國民黨的諍友胡適自美返台，就任中央研究院院長，自此，胡適多留連台、美兩地。1962年2月24日，於台灣參與中央研究會相關會議的胡適，在會議進行中突然心臟病發去世。而後位於中研院內的公配居所被改建為胡適紀念館，此外，台北南港仕紳李福人，也捐出一片面積達兩公頃、位於研究院附近的個人私地，闢建成胡適公園，作為胡適的墓地。圖為蔣中正前往南港中研院參加交接典禮，左起第二人是胡適，最右為卸任院長朱家驊，最左為總統府秘書長張群。

▲巡視國軍政工會議

　　這張照片是蔣在北投參加國軍政工會議，巡視與會人員時所攝。前排左數第四位
穿著西裝者，就是當時任國防部總政治部主任的蔣經國。

▲一日的開始

早晨五時許，天還沒亮，蔣中正便悄聲起床。經過簡單的漱口、梳洗，喝兩杯溫開水，就到陽台上靜坐、祈禱，做做柔軟體操，之後開始寫日記、看報、九點鐘開始吃早點。侍衛翁元回憶，蔣畢竟是軍人出身，終其一生維持著有紀律的軍事生活，各項生活細節都有條不紊，按表操課。[21] 九點半，蔣赴總統府上班，這張照片就是他在辦公室內批閱公文的情景。

▲一日的結束

中午蔣會回士林官邸稍事午睡，下午處理公事，傍晚散步，或者約
見部屬。如這張照片是他召見「八一四」海、空軍戰鬥英雄，左起
第三人是參謀總長王叔銘，第二人為陪同晉見的海軍總司令梁序
昭，前排右起第三人則是空軍總司令陳嘉尚。

▲老蔣強人時代的句點

蔣中正的逝世是他個人生命的終結，可是並非他在台灣人生命史當中的終結。

《中央日報》在隔日（1975年4月6日）的頭條是「全民哀痛，舉世同悲，總統蔣公崩逝」；《聯合報》的頭條則是「民族英雄，時代巨人，總統蔣公逝世」。政府機關降下半旗，電視、報紙成為黑白，娛樂機關暫停營業，停靈在國父紀念館，數十萬人前往瞻仰遺容；蔣中正出殯當日，從台北市區一路到桃園縣大溪慈湖陵寢，沿途民眾夾道，有人拿香，有人跪拜，更多的是淚流滿面。

從大陸撤退的老兵，對於領導他們打贏抗戰、卻無法再帶領他們反攻大陸的蔣總統逝世，自然哀痛逾恆；而多數本省民眾在獲得資訊管道有限的情況下，對於「民族救星」的崩逝，卻也自然發出如喪考妣的情感，以及頓失倚靠的茫然。只有少數的知識分子，在夜深無人的書房孤燈下，才敢寫下蔣的辭世，是一個軍事強人、獨裁統治時代的結束。

97

I came to your country as a little girl. I know your people. I have lived with them. I spent the formative years of my life amongst your people. I speak your language, not only the language of your hearts, but also your tongue. So coming here today I feel that I am also coming home. (Applause.)

我來到貴國時是個小女孩，我熟悉貴國人民，我和他們一起生活過。我生命中成長的歲月是和貴國人民一起度過，我說你們的話，我想的和你們一樣，說的也和你們一樣。所以今天來到這裡，我也感覺好像回到家了。（掌聲）

I believe, however, that it is not only I who am coming home, I feel that if the Chinese people could speak to you in your own tongue, or if you could understand our tongue, they would tell you that basically and fundamentally we are fighting for the same cause (great applause); that we have identity of ideals ; that the "four freedoms," which your President proclaimed to the world, resound throughout our vast land as the gong of freedom, the gong of freedom of the United Nations, and the death knell of the aggressors. (Applause.)

不過，我相信不只是我回到家，我覺得，如果中國人民會用你們的語言與你們說話，或是你們能理解我們的語言，他們會告訴你們，根本而言，我們都在為相同的理念奮戰（如雷掌聲）；我們有一致的理想；亦即貴國總統向全世界揭示的「四個自由」，自由的鐘聲、聯合國自由的鐘聲，和侵略者的喪鐘響徹我國遼闊的土地。（掌聲）

——《美國國會紀錄》（1943年），頁1080-1081

這是宋美齡著名的1943年在美國國會的演說節錄，表現風靡國際。當時美眾議院外交委員會主席希洛姆說：「蔣夫人之演講，不獨感召當代人民，且感及後世。相信蔣夫人之思想，對領導後代建立將來之世界，大有裨益。蔣夫人演講時態度之優雅，解釋世界局勢之透徹，運用英語之流利靈巧，不但使每一位聽眾都能瞭解其意義，且能與其抱持同一見解。」羅斯福總統夫人在回憶宋美齡旅美情況時說：「她在參眾兩院的演說非常優美，是她對民主思想一次動人的表現。從理論上講，她確切地明瞭民主應該是什麼。她那天鵝絨般的纖手和溫柔低迴的聲音裡，掩藏著一種鋼鐵般堅強的決心。」

宋美齡，1897年生於上海。宋家一門在中國近代史中扮演著吃重角色，宋美齡的父親宋耀如原籍海南文昌，後舉家遷居上海，是衛理公會的傳教士，早年曾支持孫中山的革命運動；大姊宋靄齡是孔祥熙（曾任國民政府行政院院長兼財政部部長）之妻；二姊宋慶齡是孫中山夫人，1949年中華人民共和國成立後出任中央人民政府副主席，爲著名的「宋家三姐妹」；兄長宋子文曾任國民政府財政部部長、外交部部長、行政院院長等職。

▲洋傘下的中國貴婦

宋美齡在此張照片中身著白色素雅中國旗袍，手持著當時西式時髦的洋傘，在在透露出她揉合中西方文化的形象和特色。

宋美齡十一歲（1908年）時隨宋慶齡留學美國，翌年入皮德蒙學校讀八年級；1913年進衛斯理女子學院就讀，1917年畢業時獲得該校「杜蘭學者」的學生最高榮譽。返國後宋美齡先在上海參加基督教青年會活動，1920年在上海孫中山住所，初次結識當時還只是粵軍中級軍官的蔣中正。蔣中正對出身富豪又受過西方教育的宋美齡一見傾心，展開熱烈追求；1927年十二月一日，宋美齡與蔣中正在上海結婚，從此成為他最親密的外交、政治顧問與英語傳譯員。宋美齡除協助國民政府進行組建空軍（1932年起進行）、宣傳「新生活運動」（1934年起進行）等政策外，也隨蔣中正奔走國內各地考察。1936年十二月西安事變爆發，蔣中正遭到脅持，亦是宋美齡設法策動各方勢力營救，並親赴西安與發動事變的張學良等商談解決條件，終使蔣中正獲釋。

1937年六月，擔任中國航空委員會秘書長的宋美齡在蔣中正同意下，聘請美國退役空軍上尉陳納德（Claire L. Chennault）為顧問，來華協助整頓中國空軍；中日戰爭爆發後，1938年宋美齡出版《戰爭與和平通訊》；組織婦女工廠和戰時學校，收容流亡婦女與孤兒；並設立「新生活運動促進總會婦女工作指導委員會」為全國婦女運動的最高指導機關，在抗戰中發揮了勸募慰勞的重要作用。當年宋美齡與蔣中正同時被《時代雜誌》評選為封面人物與1937年的年度風雲人物，引起了美國社會對中國抗戰的廣泛注意。

為了爭取美國對中國的更多同情與援助，1942年十一月，宋美齡應羅斯福總統夫婦之邀，飛往華府訪問，翌年二月在美國國會的兩院聯席會

議上發表演說；隨後又赴美國各地與加拿大演講，所到之處無不引起轟動。宋美齡的優美儀態、高雅風度與適度言談，以及年輕時在美國接受教育的背景，使美國人對其產生親切與自豪的感覺，因此社會上掀起了一股「宋美齡熱」；不僅媒體大量報導其言行舉止，許多雜誌也以其肖像作為封面。此行宋美齡成功贏得了美、加等國民心，有利於國際社會支援中國抗戰，並再次被《時代雜誌》選為封面人物與年度風雲人物。

1943年十一月宋美齡陪同蔣中正經印度飛赴埃及，參加中、美、英三國領袖出席的「開羅會議」。席上宋美齡除擔任蔣中正的翻譯外，亦周旋於三國領袖之間，充分發揮她的外交才幹。據說會後邱吉爾曾私下對羅斯福說：「這位中國女人可不是弱者！」宋美齡在抗戰時期國民政府外交工作上的卓越表現，雖使她個人成就達到顛峰，但其所屬的孔、宋家族，在戰時及戰後藉政治權勢謀取私利的腐敗行徑，也使國民黨政府在國內、外的形象敗壞，被認為是在國共內戰中失敗的主因之一。1949年一月蔣中正被迫下野前，宋美齡再度赴美求援，卻遭到杜魯門政府的冷漠對待。杜氏曾言：「她到美國來，是為了再得到一些施捨的。我不願意像羅斯福那樣讓她住在白宮。」

▲中山裝旁的典雅華服

這張是抗戰前招待南京各國駐華記者時所照，宋美齡一身典雅的服飾，在照片中更突顯她的獨特氣質。而蔣所穿則是眾人所熟知的中山裝，中山裝係源於孫中山先生。

據說中山裝是他當時委託服裝店將清代官服的領衣（翻折型），結合日式學生裝製成的一種便服。這款改製的便服共有九顆釦子，式樣既不似唐衫，也不像西裝，因此服裝店老闆以國父名號「中山」取名，叫它做「中山裝」。

中山裝在經改良後有其服飾象徵，依據國之四維（禮、義、廉、恥）確定前襟為四個口袋；依據五權分立（行政、立法、司法、考試、監察）確定前襟為五個紐釦；依據三民主義（民族、民權、民生）確定袖口必須為三個釦子等。二○年代國民政府在重新頒布《民國服制條例》時，中山裝即被定為禮服。

中華民國政府遷台後，宋美齡對台美關係仍有相當的影響力，且致力於國內婦女運動與救濟事業，例如1950年四月創立「中華婦女反共抗俄聯合會」（即後來的婦聯會）；1955年設立華興育幼院，安置從江山島與大陳島來台的軍民子弟及遺孤等，解決他們就學、教養的問題；1964年十二月成立「振興育幼院籌備委員會」，1967年五月起開始收治小兒麻痺後遺症等患童。

◀ **第一夫人的步伐**

這張是1939年10月巡視綦江水利工程時所照，畫面中宋美齡除一襲西式華服吸引眾人的目光外，她更是一馬當先行走於蔣中正之前，有別於傳統中國婦女的形象。

綦江為長江上游右岸的一級支流，發源於貴州省習水境內，灘險眾多，較無通航之利。在抗戰爆發後，重慶作為四川和西南最大的水路交通樞紐，內遷的鋼鐵、機械、紡織、軍火等各項工業雲集，因而要求擴大煤炭的供給。尤其是上海、漢陽、大冶等鋼鐵廠內遷重慶，其主要原料即需要依賴綦江流域的南桐煤礦和綦江鐵礦供應[22]。且綦江仍為川鹽入黔要道，因而戰前在東南淮河流域整治上多有成績的導淮委員會，在遷入四川後，隨即被派赴綦江負責其河道整理工程。而綦江也因此成為中國內陸河流中第一條渠化河道[23]。

105

可是隨著蔣經國在台灣政壇上的崛起，接班態勢逐漸底定，宋美齡開始將生活重心移往國外。1975年四月蔣中正總統逝世後，九月宋美齡專機赴美休養，隨後長居紐約長島蝗蟲谷，將大部分的時間、精力投注在閱讀、練字、繪畫等方面，只有在1986年十月曾回台參加蔣中正百年冥誕紀念大會。1988年一月蔣經國總統過世，國民黨面臨領導人接班危機，據說當時宋美齡曾對國民黨秘書長李煥表示，推舉李登輝爲代理黨主席一事不宜過急；但七月國民黨舉行第十三次全國代表大會，仍通過由李登輝總統出任黨主席。在這次大會上，宋美齡以國民黨中央評議委員會主席團主席身分，發表「老幹新枝」談話，成爲她在台灣最後一次的公開演說。1995年七月，宋美齡接受邀請出席美國國會爲她舉行的致敬會，以表彰她在第二次世界大戰期間，對中美關係所做的貢獻；2003年十月二十三日，這位「永遠的第一夫人」病逝於紐約寓所，享壽一百零六歲。[24]

抗戰下的重慶歲月 ▶
此張乃是抗戰時期攝於重慶寓所，一片和樂之景。其後方所擺設有美國羅斯福總統照片，足見抗戰中期的中美關係，在宋美齡赴美發表演說後所產生的改變。

靄
齡

慶
齡

▲宋家三姐妹

這張乃是蔣氏夫婦於1940年4月7日，與宋慶齡、宋靄齡合影。宋家三姐妹
可謂與中國近代史各個環節都緊密的結合著，而姐妹之間的關係即如同電
影宋氏王朝描寫般的錯綜複雜，在抗戰時期合作抗日的大旗之下，三姐妹
難得有機會一起合照留念。

蔣氏家族 生活祕史

▲邀聘陳納德

照片左方者為陳納德，攝於1942年2月。1940年10月，中方就曾與擔任航空委員會顧問的陳納德商組空軍志願隊。1941年8月，美空軍志願隊（即著名的飛虎隊）成立於雲南昆明，當時志願隊員月薪為七百五十美元，若擊落日機一架，獎金五百美元。此隊在1942年7月4日改組為美國第十四航空隊，陳納德即任美國駐華空軍司令。宋美齡對中國現代空軍的發展貢獻頗巨，在1936年時就擔任航空委員會的秘書長，陳納德更為宋邀請而來，她還被中外人士封為「飛虎隊」的榮譽隊長。

▲中美關係的橋樑

這張照片的感覺頗令人玩味，畫面右方者為史迪威（Joseph Warren Stilwell），
在他擔任中國戰區參謀長時，與蔣之間衝突不斷，蔣曾對美方言：「史在華久，仍
以十五年前之目光，視我國家與軍人，故事多格格不入。」
1944年10月18日史迪威被召回美國，中美關係陷入抗戰以來最低潮。此畫面之中的
宋美齡，不就正像扮演連接起中美關係橋樑的感覺嗎？

▲開羅展風華

在宋美齡於國際外交展現其魅力的場合中，除了在美國國會的演說外，令人印象最深的就是開羅會議了，她在三巨頭中風采絲毫不落下風，這張乃是開羅會議後，1943年11月27日參觀開羅清真寺時所攝。

▲邛湖上的明珠

此時抗戰已接近勝利，蔣氏夫婦同遊邛湖（又名邛海），宋美齡衣著不論西式或中式，在各照片中均能一舉吸引住觀者的目光。

邛湖以水質清澈透明著稱，原西昌省第二大淡水湖，距西昌市中心七公里，位於瀘山東北麓，螺髻山北側，是該省十大風景名勝區之一。

▲赴美重歸

到了台灣之後,宋美齡還是扮演台灣和美國之間的外交聯絡角色。此張攝於1959年6月18日,在歷經十四個月的美國行後返台,而宋此次的赴美,原因傳有不滿蔣經國接任內閣不管部部長而一怒出國。

出處篇

1. 蔣中正，《蔣氏慈孝錄》（台北市：中央日報，出版年不詳）。

2. 楊天石，《蔣氏祕檔與蔣介石真相》（北京：社會科學文獻出版社，2002）。

3. 許倬雲，〈試論蔣故總統的歷史評價〉，《中國時報》，1994年4月5日。

4. 郭廷以，《近代中國史綱》（香港：中文大學出版社，1989），頁581。

5. 王宇高（編）、周美華（編註），《事略稿本》（台北：國史館，2004）冊12，頁80-85。

6. 余英時，《重尋胡適歷程：胡適生平與思想再認識》（台北市：聯經，2004），頁55。

7. 孫詒（編）、高素蘭（編註），《事略稿本》冊22，頁34。

8. 蔣中正，《西安半月記》（台北市：黎明文化，1976年），頁56。

9. 張慧真，《近代中國避暑地的形成與發展》國立台灣師範大學碩士論文，2003。頁143-146。

10. 張令澳，《我在蔣介石侍從室的日子》（台北市：週知文化，1995），頁2、21-24。

11. 黃仁宇，《從大歷史的角度讀蔣介石日記》（台北市：時報出版公司，1994），頁430。

12. 秦孝儀（編），《總統蔣公大事長編初稿》，卷7（上），頁70-71。

13. 秦孝儀（編），《總統蔣公大事長編初稿》，卷7（上），頁72。

14. 秦孝儀（編），《總統蔣公大事長編初稿》，卷7（上），頁80。

15. 唐德剛（撰），《李宗仁回憶錄》

（南寧：廣西人民出版社，1980
年），下冊，頁892-893。

16. 秦孝儀（編），《總統蔣公大事長
編初稿》（台北市：中正文教基金
會，2003），卷10，頁50。

17. 林桶法，〈溪口時期的蔣介石
（1949.1.21-4.24）〉，《輔仁歷史學
報》，第16期（2005年7月），頁
260-261。

18. 夏功權（口述）、劉鳳翰（訪
問），《夏功權先生訪談錄》（台
北：國史館，1995），頁69。

19. 周宏濤（口述）、汪士淳（撰），
《蔣公與我——見證中華民國關鍵
變局》（台北市：天下文化，
2003），頁230-231。

20. 翁元（口述）、王丰（撰），《我
在蔣介石父子身邊的日子》，頁
96-97。

21. 翁元（口述）、王丰（撰），《我
在蔣介石父子身邊的日子》（台北
市：圓神，2001），頁88-98。

22. 石銘鼎，〈長江上游的河流渠化
工程〉，《中國近代水利史論文集》
（南京：河海大學出版社，
1992），頁77。

23. 石銘鼎，〈長江上游的河流渠化
工程〉，《中國近代水利史論文
集》，頁78。

24. 參見國史館，《國史特藏文物Ⅰ
——蔣中正總統》光碟版。

第二章
Chapter 2 平民領袖的風采：
蔣經國的生命旅程

蔣經國 1910-1988

「十七世紀君主與二十世紀領導人之間的對比，

並非虛飾與眞實之間的對比，

只是不同風格的虛飾之間的對比。」

「我們對於那些如此特別的人之所以如此尊敬，

是因爲想像力在作用。」

——彼得・柏克（Peter Burke），《製作路易十四》

　　一個人們心目中所呈現的「偉人」，常是經過時間序列塑造與層層堆砌而成的形象。一個民族主義氛圍下的中國，先找到了一個民族的「黃帝」，在新時代的需要下自然也要一個代表新中國的「國父」，因此從聽聞其幼時即搗毀鄉間佛像的故事開始，我們就幾乎面對著一生註定傳奇的孫中山。面對國家存亡下的戰爭，我們再次有了一位觀魚逆水而游因此奮發向上的「民族救星」蔣中正。可是在這個強調解構和文化分析的時代，眾人對他們的認知，均轉化成了論證其形象塑造下的產物。使得那些原本看似熟悉的身影即刻模糊了起來。其蓋棺時的論定，亦隨著時代而不斷轉化著。那這位蔣家的第二代，是否相同承繼了其父的宿命，成爲不斷被解讀的蔣經國呢？

116

但是在解讀的過程中，相對於前述被中央銀行選作象徵的二位，蔣經國又有何差異？先來看他就任總統大位後對宣傳的指示：

「1978年三月，蔣經國當選為第六屆總統，在五月二十日就職當天下午。他召集主管宣傳的負責人，指示下列三點：第一，今後不希望再有『蔣經國時代』這一類名詞出現在報紙雜誌之上。今天是一個民主時代，不應再有個人英雄主義的色彩，如果真有『時代』的話，只有群眾的時代，而沒有個人的時代。第二，今後不希望稱呼他為『領袖』。第三，今後不希望有『萬歲』的口號出現。」

——江南，《蔣經國傳》，第368頁

再者，在經歷過政治民主化洗禮的台灣，他父親所撰寫文章在教科書上已逐不復見的此時，他所寫的關於文豪海明威名著《老人與海》的讀書心得——〈生存與奮鬥的啟示〉依然是國中國文教材中的選文。此文乃是一篇樸實的平日閱讀札記，沒有華麗的辭藻修飾，也少有官樣文章裡八股教條的習氣：

「最近，我看了海明威所寫的老人與海。在這本書裡，我獲得了很多新的、有關人的生存與奮鬥的啟示。海氏所描寫的人物很簡單，只有老人、小孩、海、魚和鳥；但是每一個對象，都有其特殊的代表性：老人是代表人生奮鬥的道路；小孩是代表新的希望；海是代表奮鬥的環境；魚和鳥是代表了普通生物只求生存的自然現象。」

——國民中學國文第四冊第十二課

此二例與一般對蔣經國的歷史記憶相結合，我們似可逐漸浮現出一個從神話逐漸步入真實，從宮闈中邁向平民的「經國先生」。

由於一個人的食衣住行生活實與性格氣質、行事風範息息相關，因而在此先從大處著眼，進入蔣經國的一生行宜，以觀察其生平梗概。

▲幼年時的蔣經國和祖母王太夫人

蔣經國出生時，蔣中正二十四歲，毛福梅二十九歲，夫妻結縭已近十年，王采玉由於得孫較晚，對此孫疼愛有加。

啓蒙到留俄之行

「曾在冰天雪地中，深切的體驗到了人生的甜苦。看清了生死，不過是一件天下最平凡的事。」

——蔣經國，〈夜宿虎崗有感〉，民國三十二年六月十四日

一位才十五歲的少年，到了革命的原鄉，學到的是那裡原汁原味的主義，抑或是日後反共抗俄國策的一個反諷……

蔣經國在1910年四月二十七日（清宣統二年三月十八日）出生於浙江奉化縣溪口鄉，母視為毛福梅。經國為其學名，乳名為建豐。由於父親蔣中正當時尚在日本學習軍事，因此小經國乃是由祖母王采玉與母親所撫育成長。他的啓蒙教育初在當地武山學校（後改為武嶺學校），後轉奉化龍津學校，民國十年再轉至上海萬竹小學就讀。

少年經國在民國十四年進入上海浦東中學,但是同年適巧發生「五卅慘案」,蔣經國在此間參與四次示威活動而被開除了學籍。後轉至吳稚暉在北京興辦的「海外補習學校」,原本打算在此修習法文留學法國。此段期間,蔣經國個人轉對蘇聯情勢產生興趣,加上「北平的政治環境看起來洋溢著國共友誼的氣氛。我本人亦惑於這種心理環境,徹底的改變了我原本的計畫[1]」。加上赴俄留學一事,實符合有蔣中正當時有意尋求蘇聯支持的政治和軍事的利益。[2] 因此在同年十月十九日,蔣經國便啓程遠赴莫斯科,進入莫斯科中山大學就讀。此成為影響他一生的重要舉措。

校方替蔣經國取了俄國名字為 Nikolai Vladimirovich Elizarov,留學當時蘇聯物資緊縮,但中山大學的食宿卻頗為優沃,早餐有雞蛋、麵包、牛奶、香腸,偶而還有魚子醬供應。校方甚至雇用一名中國廚師來調理中國菜,此外俄國人嗜喝伏特加酒,蔣經國酒量甚好,還教俄國友人划酒拳助興。此時蔣經國在他生命羅曼史舞台上,也開始有女主角登場。她是馮弗能,乃是馮玉祥之女。[3] 民國十六年,中國國內的情勢使得蔣經國的留學生涯有了轉變。蔣中正的決心「清黨」,國共兩黨間關係丕變,身在共黨首都的蔣經國在四月二十一日的《消息報》刊出一篇文章:

介石,我不認為你會聽到我要說的話,你也可能根本不想讀到它們。……現在我要說,革命是我所知道的唯一要務,今後我不再認你為父。

◀ **武嶺學校**

武山學校為蔣經國幼年求學之地,蔣中正後於民國十九年將其改建為武嶺學校,因為學校建築規模宏大,布置講究,往後凡是外賓及政府要員來訪溪口時,均住宿在武嶺學校。

　　他在十七歲所寫這封直呼其父親名諱的公開信，是他青少年時代的輕
狂和叛逆，或是對革命的滿腔熱血？抑或是寄人籬下審慎思維下的正確判
斷？事情轉變至此，蔣經國孤身留在俄國，先進入軍旅實習，再轉入托馬
契夫中央軍事政治學院進修。民國十九年赴狄那莫（Dynamo）電廠當工
人，每天八小時以上的重勞動工作，此刻他生活環境已不同以往，例如工
廠伙食「……今日的午餐菜，第一盆是洋芋清湯，第二盒是炒洋芋，每客
只可領黑麵包一磅半」[5]；民國二十一年，更被派赴嚴寒荒涼的阿爾泰山
金礦工作。民國二十二年，進入烏拉馬許（Uralmash）重型機械廠擔任技
術師，後升副廠長，這時他的生活條件才逐漸好轉，據其三月五日的日記
載：

今天工廠飯堂的午飯，第一盆是肉湯，第二盆是雞，第三盆是炒蛋，第四盆是糖果。想到二年前在狄那莫工廠食堂所吃的飯菜，有極大的區別了！[6]

同年，一位名叫芬娜（Faina Epatcheva Vahaleva，即日後之方良）的女孩出現在他的生命之中，芬娜為工人技術學校的畢業生而被分配至該機械廠工作。他們兩人相識的過程，有著一段「英雄救美」般的電影情節——加班到深夜的蔣經國在走回宿舍的路上，仗義擊退了一名欲對方良有所不軌的巨漢，兩人進而相識相戀。[7] 他們在1935年三月十五日結婚，同年十二月產下長子孝文。

蔣經國此趟赴俄之行，起初乃因中國內時局而生變，返國也同樣是因中國情勢再生波瀾，而且這次的主角還是他的父親——蔣中正。民國二十五年十二月十二日，「西安事變」震驚全國。為和平解決此一事件，國共兩黨關係從「攘外必先安內」轉至「抗日統一戰線」之下合作，而且此時的蔣中正也不再是十年前國民革命軍總司令的一介武夫軍人，已是儼如全中國領袖的蔣委員長。因此在中蘇國共關係的大時代背景牽動下，赴俄近十二年的蔣經國，終在中俄雙方交涉下在民國二十六年重返國門。

▲自俄歸國

這張為1937年3月前由蘇俄返國時所攝，原先多認為拍攝地點在莫斯科中國大使館門前，近年研究則有應為中國駐海參崴領事館的說法。按當時駐俄大使蔣廷黻回憶小蔣返國事宜：「1937年某夜，……當我接見他時，他立刻告訴我他就是蔣經國。他說你認為我父親希望我回國嗎？我告訴他，委員長渴望他能回國，他說他沒有護照、沒有錢。我請他不必擔心，我會為他安排一切。接著他又說他已與一位俄國小姐結婚，而且已經有了孩子。我肯定地告訴他，委員長不會介意此事。……幾天過後，他們到大使館來，和我共進晚餐。經國夫人是位金髮美人，外表很嫻靜。」

◄返國後與父親的合影

蔣經國在海參崴搭船回國，先南到香港，由弟弟蔣緯國專程迎接，後轉赴上海再去南京面會父親。據說蔣中正等了將近兩個星期才接見他，不知是否對於《真理報》那封公開信心有芥蒂，還是分隔了十二年之後的情怯呢？

蔣青天建設新贛南

「一、人人有工做。 二、人人有飯吃。 三、人人有衣穿。

四、人人有屋住。 五、人人有書讀。」

——《新贛南建設的三年計畫》，民國二十九年十月一日

這是傳統《禮運·大同篇》的烏托邦，還是他預見了未來的台灣，或者這是所有為政者的理想呢？

民國二十六年七月，抗戰爆發。在這時代最大變局下，蔣經國在民國二十七年一月出任江西省保安處少將副處長，來到他從政生涯初試啼聲的地方。接著在民國二十八年三月，日本軍勢力逼近南昌，江西省政府跟著南遷。該年六月蔣經國受命擔任江西省第四行政區（贛南行政區）行政督察專員。行政督察專員原本只是虛級主管，但是蔣經國卻把它當作一個行政主管來做。[8] 他遍訪了轄區各地，「每天走八十里路，不久就走遍一千五百公里，到處與農民、商人、公務員、藝文人士和難民交談。[9]」；「贛南崇山峻嶺，沒有一條真正好走的路。行政專區所屬的十三個縣，沒有一個縣他沒有走。[10]」他展開了一連串改革的措施。在治安方面，採用剿撫並用的手法，擴編保安隊；還曾僅帶幾員隨從，不帶武器，親赴崇文山區招撫具有水滸領袖色彩的匪首周盛連。[11] 積極取締抽鴉片煙、聚賭、娼妓與私人械鬥；加上舉辦各類幹部訓練班、推廣基礎教育事業等。這一系列的工作，為蔣經國搏得了「蔣青天」的美名。在以上措施收有一定成效後，他進而於民國二十九年提出《新贛南建設的三年計畫》，利用抗戰

內移的金融資金，公營事業盈餘等資本，在贛南開辦工廠、農場、農業示範區、合作社、果園、校舍等。「贛南新政」可說是蔣經國在實際行政上的試金石，不只給予他將旅俄的所見所學和自身的理想體現在中國這片故土上的機會，也吸取了許多影響其日後施政的諸多經驗。

在贛南時期，蔣經國迎來了一段與章亞若的戀情。章亞若是上述幹部訓練班的學員，結業後分配至專員公署抗日動員通訊社工作，不久轉調為蔣經國的私人秘書，日久生情之中逐漸譜出戀曲。蔣經國在得知她懷孕之後，安排她至廣西桂林待產，民國三十一年（1942）產下孝嚴、孝慈一對雙胞胎後章亞若卻意外逝世。由於此段感情是在元配方良毫不知情下的婚外情，加上章亞若去世的不幸結局，造成事情的原委細節，始終蒙著一層紗而旁觀不清。蔣經國對此曾慨言：「一個人年輕時的言行要謹慎，否則就會背負一生的十字架。」[12]

◀▲返奔母喪

此兩張照片原被誤會為蔣經國夫婦在蘇俄烏拉廠工作時所拍攝，後經中國國民黨黨史會研究查證，實為1939年12月時，母親毛福梅遭日機轟炸罹難後兩人奔赴溪口服喪時期所照。兩人所穿衣著為按習俗製作之喪服。蔣經國當時悲痛中寫下「以血洗血」四字刻於石碑之上，此碑後遭日軍摧毀。現存於奉化溪口，蔣經國蘇聯返國後的住處洋房中的那塊石碑，乃是1946年重刻的。

▲**青年蔣經國**　初任公職江西省保安處少將副處長所攝。

▼ ▶ 走入群眾

此時他的親民隨和作風
的特質已顯露出來，曾
被描述：「蔣經國平時
難得穿軍服，多半穿的
是藍布做的工人裝，戴
著鴨舌帽，身後只帶一
個警衛。平時和警衛說
說笑笑，不像上下級，
倒像兩個老朋友。」

父 與 子

▲到重慶報告贛縣建設情形，攝於1940年3月

雖然照片中父子倆人感覺有些距離和隔閡，但蔣中正對於兒子在贛南的表現是很讚許的，曾在電報中言：「昨日參觀都江堰水利，頗有心得，惜兒未得遊耳。兒在贛南，人民愛戴，建設進步，甚感快慰。」

▲蔣氏父子二人，攝於1945年3月22日　　在四川名勝之竹林遊憩。

上海打老虎

「經國於三十七年在上海曾經從事經濟管制工作，很坦白地向各位委員報告，工作是失敗的。這件事使我得到一個很大的教訓，就是經濟的問題一定要照經濟的原理、經濟的辦法來解決，而不能用政治的辦法來解決。」

——〈立法院施政報告〉，民國六十一年六月十三日

有人認為這代價加速了國民政府在大陸的全面失守，但這歷史的反省日後卻在台灣經濟奇蹟中結出另一顆甜美的果實。

在抗戰勝利後，中國所期待的太平盛世並沒有隨著勝利而降臨，反倒是接續了國共間的內戰。民國三十七年，國民政府除了軍事失利的挑戰外，更須面對財政經濟崩潰的危機。因此同年八月，總統蔣中正、行政院長翁文灝、財政部長王雲王聯名發布《財政經濟緊急處分令》，主項改革內容為：

一、發行金圓券。以法幣三百萬元兌換一圓金圓券；東北流通券三十萬元兌換一圓金圓券，並限於十一月二十日前兌換完畢，希望藉此支持遭嚴重通貨膨脹重擊的貨幣信用。

二、由中央銀行強制以金圓券收兌民間之黃金、白銀、銀幣與外幣。民間在國外的外匯資產進行登記，並限制使用。

三、全國各地物價，依八月十九日價格折合金圓券出售。[13]

爲執行此項《財政經濟緊急處分令》，行政院設立了經濟管制委員會，並在上海、廣州和天津三處設立經濟管制督導員。其中自然是以上海督導負擔之責任爲最巨。上海自清末以來，已成全國金融的中心，執中國金融經濟之牛耳；上海執行財經改革的成效如何，實就關乎全局的成敗了。[14] 蔣到上海之後，在八月二十七日談話中，明確宣達了他執行經濟管制政策的決心：

　　對眾目所注的奸商與貪官汙吏決定嚴辦，寧以少數人的痛苦，換取大多數民眾的幸福。寧使一家哭，不使一路哭。[15]

▲在上海經濟管制時期所攝

蔣經國為徹底進行該項改革，還特別設有「戡建第六大隊」，遍設人民服務站、布置「密告箱」，任何有違反經濟管制條例的事項均可投訴。除了擴張公權力之外，他更號召上海青年加入這項管制工作中，組織了「大上海青年服務總隊」，希望結合社會運動的力量，一鼓此番風潮。服務總隊即常於上海街頭舉行宣傳遊行，時人稱這支隊伍為「打虎隊」。由目前存有的紀錄影片中，我們更可見遊行隊伍人群裡扛有被五花大綁的老虎作為行動象徵的畫面。[16]

接著他雷厲風行的展開了各項行動：在官員方面，上海警備司令部經濟科長張亞民、第六稽查大隊長戚再玉均以違反緊急處分令被槍決；商人方面，將知名大戶如上海大亨杜月笙之子杜維屏、外甥萬墨林，以及榮鴻元、黃以聰等六十四人先後逮捕入獄。[17] 此舉體現了蔣經國「打老虎」的決心和手腕。

　　但是此項緊急處分令卻不敵整體時局的惡化，加之經濟管制原本就屬治標而非治本的措施。國民政府為應付飛漲的軍政支出，反利用上海經濟統制收兌的金銀外幣的成果，不斷提高金圓券的發行額，這個與改革原意完全背馳的行為無異是飲鴆止渴。九月時浮現市場蕭條，交易轉向黑市，物價不降反高的弊端，民怨亦開始沸騰。十月三十一日，行政院公布另一項《改善經濟管制補充辦法》，決定解凍物價，等於自行宣告財政經濟改革的失敗。蔣經國隨即在十一月二日，登艦離開了上海。

經國先生總統之路

「當你與俗人相處的時候，不可與人同流合汙；當你同顯要者在一起的時候，不可失掉你平民的本色。倘若你在每一分鐘的時光中，都能夠為人盡了最大的力量，你自然會受到別人的信任，再也不用擔心敵人的侵襲。」

——蔣經國，〈在每一分鐘的時光中〉，《風雨中的寧靜》

民國五十二年十一月二日

▲與父親蔣中正同遊西子灣，右方穿軍服者為蔣緯國

蔣家在民國三十八年經歷了一場重大的打擊，大陸地區一連串的軍事和政治面上的挫敗，1949年一月蔣經國在安排將中央銀行庫存黃金、白銀、外幣等移存台灣後，即與引退的父親蔣中正一同隱居溪口；四月底蔣氏父子離開溪口，往來於中國大陸與台灣兩地間，試圖扭轉國民黨政府的敗亡局勢，但情勢已無法挽回，十二月國民政府即撤退來台。

　　1950年三月，蔣中正總統在台北宣布「復行視事」，開始進行黨、政、軍等各方面的改革。在此期間蔣經國先後出任國防部政治部主任、國民黨中央改造委員會委員、中國青年反共救國團主任、國防會議副秘書長、行政院國軍退除役官兵就業輔導委員會主任委員等職務。1958年七月，蔣經國首次入閣擔任政務委員；1964年七月兼任國防部副部長（翌年一月升任國防部部長）後，開始逐步掌握軍權；並陸續出訪美國與東亞各國，被國內外視爲蔣中正的接班人。1972年六月蔣經國出任行政院院長，台灣政治正式進入「蔣經國時代」。此時中華民國政府正接連遭遇退出聯合國、與日本斷交、石油危機等打擊，蔣經國趁勢提出「十大建設」，不僅穩定了當時的台灣經濟與人心，也爲日後舉世稱羨的「臺灣經濟奇蹟」打下了基礎。

▲在旁觀看蔣中正夫婦奕棋，左後方在玩牌者為蔣方良

▲父子攝於士林官邸

1949年中，當時擔任台灣省主席的陳誠就開始為蔣中正預備住所。當時準備的八個地方，總計澎湖二處，台北、陽明山、桃園大溪、日月潭、高雄、四重溪等地各一處。[18] 位於台北的宅邸，即現稱的「士林官邸」，由陳誠親自勘選。士林官邸外圍有福山環抱，掩蔽在花團與幽徑之中，正房是兩層洋樓，已由台北市文化局公告為市定古蹟。

▲蔣經國登上F-84戰機

此戰機為美軍韓戰所使用，後成為我空軍主力戰機之一。

▲對政工幹校（位於復興崗）學生訓話

140

▲披穿蓑衣

▲馬上英姿

蔣經國在蘇俄的時期曾當過騎兵，但有趣的是，一次立於馬頭下靜待檢閱時，由於
身材較矮，被排到最後，檢閱官遠遠的就說：「為什麼最後那匹馬沒有士兵呢？」

▲探勘中橫時搭吊籠

中部橫貫公路從1952年探測路線開始到1960年5月完工,蔣經國幾乎全程參與,他曾寫道:「我參加了工程師勘測路線的隊伍,這次旅程近於探險。」

探勘中橫

▲探勘中橫途中親自生火煮飯

家族疊影

▲蔣中正偕家人親迎夫人由美返國，由蔣經國扶持下機(1959年6月18日松山機場)

▲與孝勇和孝武二子在庭院合影

◀父子相承

蔣經國六十歲生日時所攝，後方掛有巨幅他與父親蔣中正的畫像。這種兩蔣「父與子」相承的形象，日後亦深植人心。

▲與小販攀談甚歡

▶ 烤海螺

全省
走透透

▲套圈圈

蔣經國實際走遍全台灣的各鄉鎮，常不經預告就到一般人家去訪問，除了在路邊進食十分常見外，有時候他還自備乾麵條下鄉（如下圖）。但是蔣經國晚年深受糖尿病所苦，飲食方面受到了很大的限制。

▲攝於彰化田尾，蔣經國走親民作風，常見他穿運動服的形象

▼攝於馬祖，左起分別為郝柏村先生與林洋港先生

▲揮毫寫毛筆

▲蔣經國五十歲開始習畫，畫作內容多以松、竹、梅為主

1978年三月，蔣經國當選為中華民國行憲後第六任總統，此後帶領中華民國克服與美國斷交的重大挫折，在國防、經濟、教育等方面自立自主。這時台灣的外匯存底名列世界第三，是全球第十三大貿易國。1984年二月蔣經國開始思考下一代的台灣領導人人選，選擇了本省籍的李登輝為副總統；並順應國內外政治情勢的轉變，大力推動民主改革，1987年七月宣布解除戒嚴、允許集會遊行活動、開放人民赴中國大陸探親等。1988年一月十三日，蔣經國病逝於總統任內，享年七十八歲。

　　這一天，臺灣全島降下了半旗。

▲經國靈櫬

蔣家的第二代仍是傾倒在台灣，不知他所想的是西伯利亞的茫茫白雪，或是溪口故居的鄉愁，還是對那贛江的綠水的依戀，又或掛念著慈湖父親未完的夢想……，還是珍視著這塊自身實實在在步履踏過的土地。

153

榮辱與共的異國佳偶──蔣方良

▲金婚紀念

此為蔣經國夫妻金婚時所拍攝，鶼鰈情深。我們可以注意背後象牙擺飾與上海經濟管制時相同，這對象牙能讓蔣經國從局面最混沌的上海時期保存到台灣，是否也跟著此二人見證了這段風雨的歷史。

　　蔣方良原名芬娜·伊巴提娃·瓦哈瑞娃，白俄羅斯人。她出生於俄羅斯葉卡特林堡，自幼雙親亡故，由姐姐安娜撫養長大。十六歲時在烏拉爾河附近的工廠與蔣經國相識，倆人於1935年三月十五日結婚，蔣經國在《我在蘇聯的日子》回憶錄中寫道，芬娜是他在烏拉重機廠唯一的朋友。

▲與經國在溪口補辦婚禮

當時香港《大公報》有載：「豐鎬房裡掛燈結彩，賓客盈門，喜上加喜……他們的婚禮，完全老式，新郎蔣經國，身穿長袍黑馬掛，頭戴呢帽；新娘方良鳳冠彩裙，一如戲台上的誥命夫人。」

▲愛女蔣孝章出生時，於溪口所攝

原本毛福梅對這位紅眉毛、綠眼睛、高鼻梁的媳婦有些不習慣，但那活潑又有
趣的孫兒、孫女卻又使她愛不忍釋。且這位洋媳婦歸華不久就穿起了旗袍，學
著用筷子，慢慢說起寧波話來了，讓毛福梅十分開心。

他形容方良是最了解他處境的人,「我每次遭遇困難,她總是會表示同情,並加以援手。」

　　1937年在隨蔣經國返回中國後,方良居住在浙江奉化的溪口蔣氏老家中。蔣中正對這個外國媳婦十分的重視,請來一位慈溪籍的女老師教她學中文,因此她學到了一口寧波話。蔣中正還替這媳婦取了一個中國名字叫做「方娘」,後改為「方良」,取其方正賢良之意。蔣方良一位俄羅斯女子到中國來,除須適應語言、文字的不同外,還有其他的問題需要克服,像俄國信仰的是東正教一系,而蔣經國家中信仰的是基督教;此外一個需要適應的就是飲食問題,在俄國以奶酪、黑麥麵包加上馬鈴薯就成一餐的生活,到了溪口重臘味的江浙菜,她即常常嫌味道太重,要廚師煮稍淡一些。[19] 在溪口時,由於民情的不同,方良延續以前在蘇俄時常騎單車、游泳的活動,一次在懷著蔣孝章時也開心的下水游泳。此舉把毛福梅嚇了一跳,說:「小心妳肚子裡的小經國呀」,方良還調皮的回答:「NO!是小方良。」[20]

　　此後隨著蔣經國在政治路上的職位攀升,方良行事反而越顯低調。在蔣經國的贛南時期和抗戰時期,方良還有陪著蔣經國出席一些公開的募款和宣傳活動;但是到了台灣,她的身影除了一些必要的國家慶典和外交禮儀的場合之外,慢慢淡出了人們的目光視界。難道在台灣後來漸起反共抗俄的意識型態下,一位蘇俄籍的第一夫人也跟著背負起了莫名的十字架?

◀ **低調的第一夫人**

此為與哥斯大黎加總統的合影，
方良行事雖較低調，但扮演第一
夫人腳色仍十分稱職。照片後可
見元首座車，蔣經國生性崇儉，
有次政府為他購置一部防彈用凱
迪拉克轎車，他卻將車送給副總
統謝東閔使用，仍搭乘原有使用
多年的舊別克汽車。

159

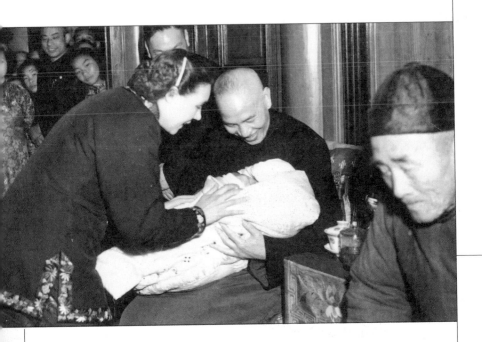

▲三子孝男出生

蔣孝勇出生時所攝，蔣方良已穿著一身中式的服飾。

▼全家福慶新年

這是蔣氏一家在溪口過年時所照，站立在宋美齡身後的方良，一生亦如相片中一般，退居在「永遠的第一夫人」之後。像是「蔣夫人」這個稱呼，是宋美齡專有的尊稱，在蔣中正去世與蔣經國就任總統後都沒有改變。蔣經國還曾慎重的把如何稱呼方良的事宜交付國民黨文工會研究，後來統一以「蔣經國總統夫人方良女士」來稱呼，通令各機關和媒體來使用。

▲藉生日以享天倫之樂

方良在台灣時期心力主要是放在蔣經國和子女們的身上，只是命運的捉弄，除了女兒蔣孝章外，先生蔣經國和兒子蔣孝文、蔣孝武、蔣孝勇三兄弟都是先她而去。蔣方良生前曾說過，每通來自榮總的電話鈴聲，都是催促她再趕一趟傷心路程。2004年十二月十五日，因肺腫瘤導致呼吸衰竭，方良病逝於台北市榮民總醫院，享年八十八歲。

▲一家歡樂

蔣經國與方良和孩子們玩樂，但在這裡可注意到兒子們之服飾穿著已頗有貴氣。

出處篇

1. 張良任總編，《蔣經國先生全集》（台北市：行政院新聞局，民80年），第一冊，頁62。

2. 陶涵著，林添貴譯，《台灣現代化的推手──蔣經國傳》（台北：時報文化出版社，民89），頁26。

3. 余敏玲，〈俄國檔案中的留學生蔣經國〉，《中央研究院近代史研究所集刊》，第29期，頁111-115。

4. 引自趙林，《從專員到總統》（台北：遠澄出版社，民69年），頁8。

5. 張良任總編，《蔣經國先生全集》，第一冊，頁37-38。

6. 張良任總編，《蔣經國先生全集》，第一冊，頁48-49。

7. 漆高儒，《廣角鏡下的蔣經國》（台北：黎明文化，民90），頁156。

8. 茅家琦，《蔣經國的一生和他的思想演變》（台北：台灣商務，民92），頁71。

9. 陶涵著，林添貴譯，《台灣現代化的推手──蔣經國傳》，頁96。

10. 趙林，《從專員到總統》，頁65。

11. 詳見漆高儒，《廣角鏡下的蔣經國》，頁225-226。

12. 林蔭庭著，《追隨半世紀──李煥與經國先生》，頁88-89。

13. 茅家琦，《蔣經國的一生和他的思想演變》，頁71。

14. 趙林，《從專員到總統》，頁111。

15. 張良任總編，《蔣經國先生全集》，第十三冊，頁123。

16. 國史館，《國史特藏文物 I ──蔣中正總統》光碟版。

17. 趙林，《從專員到總統》，頁112-117。

18. 陳誠，《陳誠先生回憶錄──建設台灣》（台北：國史館，2004），上冊，頁19。

19. 趙宏，《蔣介石家族的女人們》（台北：風雲時代，2003），頁269-270。

20. 王美玉，《淒美榮耀異鄉路──蔣方良傳》（台北：時報文化，1997），頁18。

在賈西亞‧馬奎茲獲諾貝爾文學獎桂冠之作、「魔幻寫實」經典小說《百年孤寂》裡，創造了邦迪亞（Buendia）這一家族的六代傳奇：第一代老邦迪亞性格堅毅，帶著家人翻山越嶺，辛勤墾荒，創造了馬康多城；第二代次子邦迪亞上校獻身革命，反抗壓迫，先後起事三十二次，到老仍然威風凜凜；到了第三代，邦迪亞家族的衰敗已經浮現：這個家族的歷史逐漸沉重，成為子孫難以負荷的包袱，縱欲與奢侈、貧困與自閉，同時發生，造成了家族的沒落。

小說中的馬康多，歷經了草創與繁華，最後在一片虛無的風沙中，默默地被湮滅；而在中國近代史上的蔣家，從烽火連天、流離亂世，到冰天雪地、退守海島，最後，歷經一切樓起樓塌。當初風雲年代、四海歸心的蔣委員長走了；退居海島，莊敬自強、讓台灣經濟起飛的蔣院長也離開了；唯歷史的巨輪還是繼續前進，蔣家的第三代，無言地承受光華褪盡的滄桑人生。

▲長安東路寓所

蔣家第三代的宿命

　　從鹽舖之子起家，直到爬上近代史權力的頂峰，但是歷經了光耀與榮華，蔣家第三代成員的人生故事，幾乎都是在台灣，上演一幕又一幕黯然謝幕的場景。

蔣孝文

　　第一個是蔣經國的長子蔣孝文，1935年生於蘇聯，隨父親回國，來台灣就讀中學。少年時的蔣孝文，由於儀表堂堂，又是蔣中正長孫，極受祖父母寵愛，父親蔣經國也對他期望甚高。蔣經國對孝文督責甚嚴，若有言行失當，或者成績不佳，動輒打罵，母親方良則哭著抱住兒子，不讓丈夫再責打下去。青春期的孝文，往往讓蔣家上演一齣又一齣家庭悲喜劇。但是儘管有嚴父慈母的管教愛護，孝文仍成就其豪放不羈的叛逆個性，在外惹禍鬧事，屢屢令父母頭痛。傳說有次蔣孝文鬧事被逮入派出所，他指著牆壁上的總統玉照，說：「這是我祖父！」教所有的警員束手無策。這個傳聞，亦可見其少年時代飛揚佻達的性格。

▲襁褓中的蔣孝文

毛福梅夫人所懷抱者為蔣孝文。孝文此名乃是由蔣中正所命，他出生時蔣經國夫婦
為其取的乃是一個俄文發音的艾倫──Alan。

1960年，時年二十五的蔣孝文和小他四歲的徐乃錦結婚。徐乃錦是革命先烈徐錫麟的孫女，蔣經國對此淵源十分滿意，母親為德國人。一個是中俄帥哥，一個是中德美女，兩人戀情、婚姻受到祝福，但是甜蜜的時光卻很短暫，這也是蔣經國夫婦心中最深的痛。

蔣孝文自小被寵愛過度，少年時代即已菸不離手，成年後更是酗酒過度，常令蔣經國夫婦擔心不已；原本以為結婚後會自我收斂，但因身在「第一家庭」壓力過大，依舊是菸酒過量，同時，加上蔣家自毛福梅遺傳而來的先天性糖尿病，蔣孝文不到三十六歲，便因病昏迷一段相當長的時間。

◀ 蔣孝文與徐乃錦結婚照

蔣孝文結婚時與全家合影，後排左二為其妻徐乃錦。當徐乃錦與蔣孝文定情的那一刻，似乎也註定了她一生的命運。

1999年，醫生診斷她罹患不良型貧血症，蔣徐乃錦依然以第三代長媳身分，承擔蔣家重責，私下的她仍樂觀堅強，很少人看到她虛弱的一面。2005年，六十八歲離開人間，對蔣徐乃錦來說，和蔣方良相同，終於把兩代「蔣家長媳」的重擔給卸了下來。

雖然經過全力搶救，得以恢復清醒，但他的智力也因此受到傷害，退化到如幼齡階段，需要人長期的隨侍照護。蔣經國因此頗為自責，在他病床前，曾撫床痛哭。1988年一月，蔣經國逝世，久違於公眾場合的蔣孝文，出現在靈堂，形容消瘦，目光呆滯，帶著墨鏡，似乎也知道凝滯的空氣中，滿懷著憂傷。

但是，此時的蔣孝文，其實也已纏綿病榻多時。1989年，人們還沒有從「國喪」的記憶中回復，蔣孝文便於四月十四日因咽喉癌逝世，享年五十四歲。再一次，蔣方良又以哀痛欲絕的悽楚模樣，出現在新聞鏡頭上。

蔣孝武

　　接著是次子蔣孝武，蔣經國的二子，1945年生。和兄長冰天雪地的西伯利亞記憶不同，他從小是在台北長安東路蔣經國的住所成長，父親在此時已位居顯要。蔣孝武自小的心思就比較不放在書本上，初中時，他的成績在班上敬陪末座，因此被送入軍校，但又因不能適應，旋即在1967年赴德國留學。在德國唸書時，因為人生地不熟，蔣孝武頗為苦悶，不久後認識了僑居瑞士的汪長詩，兩人於1969年在美國結婚。

　　婚後這對年輕夫婦回到台灣，生下了蔣友松、蔣友蘭。蔣孝武並出任退撫會專門委員，這樣的生活應可謂美滿。可是，蔣孝武性情剛烈暴躁，連親兄弟蔣孝勇都跟他起過激烈爭執，又常與女星緋聞連在一起。小倆口時常大吵，終於鬧到了離婚這一步。[1] 蔣孝武在離婚之後，與當時非常年輕的蔡惠媚結婚，這是蔣家第一位本省籍媳婦，婚後生活頗為幸福。

　　可惜好景不長。1984年，舊金山郊區住宅響起的槍聲，橫生打斷了蔣孝武的政治企圖。出版有《蔣經國傳》、正撰寫《吳國楨傳》的美籍華人江南（劉宜良）在自家車庫前被槍殺，是為「江南案」，震驚台灣、美國政壇，蔣孝武被懷

172

▲少年時的蔣孝武

蔣孝武幼時與祖父暨父親合影，自幼蔣孝武就十分好動，父親公忙，母親寵愛，左右無人能夠加以管束，故蔣孝武的少年時代即以頑皮著稱。

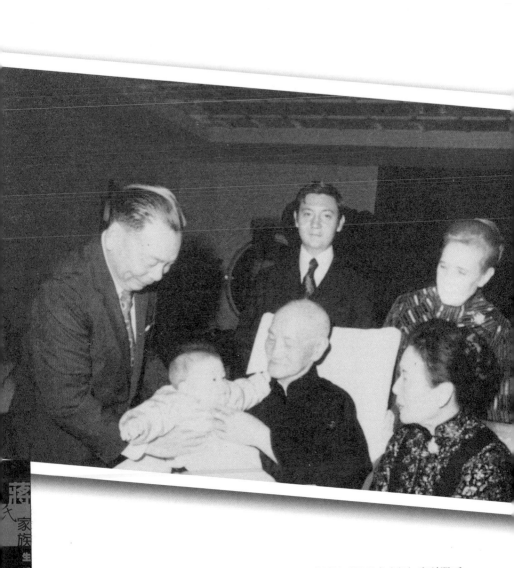

疑與此案有關，甚至指向蔣經國暗中指使，台灣的國際形象頓時受到嚴重打擊。他因此遭到放逐，出任駐新加坡商務代表。蔣經國過世後，蔣孝武曾轉任駐日代表，卻在即將出任華視董事長的前一天（1991年七月一日），因急性胰臟炎病逝，享年僅四十六歲。

◀ 蔣家王朝第三位接班人？

站立於年邁的蔣中正之後的即是蔣孝武，他是蔣家第三代
當中，表現出較明顯政治企圖心者。他的動作也頻頻被當
時海內外的黨外人士所抨擊，質疑他將是「蔣家王朝」的
「第三代繼位人」[2]；蔣孝武的進退確實反映出他想在政壇上
佔有一席之地的企圖：從黨營的華欣出版事業，到棒球協
會理事長，並進入中央黨部任職。

蔣孝勇

　　兩位兄長相繼離世以後，三子蔣孝勇是第三代當中唯一的男丁了。他出生在1948年秋天的上海，正是父親在上海「打虎」、管制經濟的時期。蔣孝勇在台灣度過他的童年，和兩位兄長不同的是：蔣孝勇既不頑皮，也不衝動暴躁，他非常的乖巧聽話，很少令父母操心，因此甚為得到蔣宋美齡等長輩的寵愛。

　　1973年，二十五歲的蔣孝勇和相戀多年的方智怡，在士林凱歌堂舉行婚禮。這場婚禮有多重意義：首先，相較於他的兄長、姊姊，這是唯一

一場獲得蔣經國夫婦福證的婚禮；其次，當時蔣中正久未公開露面，甚至有病危的消息傳出，實際上蔣中正方從長達一年的昏迷清醒，政府藉這場婚禮向外發布新人與祖父母合照的新聞照片，來澄清謠言。蔣的侍衛翁元回憶，蔣中正的右手已經萎縮，必須用膠帶黏住，以防掉落。[3] 由此可見，蔣孝勇的婚姻，正反映出蔣氏家族在政治頂峰的時刻，也是「生活」必須和「政治」時時連結的時刻。

蔣經國總統晚年，深受糖尿病帶來的器官病變所苦，雙眼視力衰退，雙腳也水腫無法行走。蔣孝勇在此時扮演相助總統／父親的角色，對於父親的飲食起居，蔣孝勇也細心監護照顧，所以有人說，蔣經國晚年的「耳目」，其實是穩重不動聲色的蔣孝勇。當時，蔣孝勇在七海官邸內，可

◀ 幼時的蔣孝勇

孝勇是第三代中主動表達想就讀軍校的意願者，這讓祖父蔣中正大為欣慰，時常寫信鼓勵。但是在就讀軍校期間，腿部受傷，這使得他成為軍人的期望落空。蔣中正對這個孫子的傷勢，非常關心。1969年3月14日，八十二歲的老祖父寫封信給當時二十一歲的蔣孝勇，字裡行間可以看出對蔣孝勇的關心：

「勇孫：

你上次來信，我已接到了，祖母亦甚高興。昨問你已病入醫院，不勝繫念。今特寫信交武孫帶來慰問，如你下週仍未痊癒，我與祖母就要南來看你，想與你同住幾日。在西子灣養病或比醫院為佳易癒也。余不多言，望早痊癒。祖父母，三月十四日晨。」[4]

一個日理萬機的總統，為了孫子的病情未癒，竟然想要南下高雄與孫子同住，可見蔣孝勇在年邁的蔣中正心中的地位。不過蔣孝勇的腿傷嚴重，無法再繼續接受軍事訓練，不得已，轉入台大政治系就讀。

謂一言九鼎，除了蔣經國最疼愛的長孫女友梅外，無人敢有不同聲音。[5]蔣經國去世之後，李登輝接任總統，或許是要脫離台灣的政治氣氛，又或是不願意再參與政治，1988年，蔣孝勇一家旋即向加拿大申請移民，隨後遠離台灣，舉家遷往加拿大。

只是平靜的生活，似乎難以逃脫第三代宿命的牢籠掌握。移民到加拿大，後又遷至美國舊金山郊區的蔣孝勇，某天晚間用餐時突然感到不適，急欲作嘔。他忙到廚房，竟吐出了大口的鮮血，蔣孝勇心知不妙，返台檢查，卻得到了食道癌末期的噩耗。

政治氣氛丕變；此時的台灣，蔣家所遭受的責難，此起彼落。在得知自己罹患第四期食道癌時，身為蔣家人，蔣孝勇做出了一個重要的決定——他清楚知道：他能做的，就是到他這一代為止，讓蔣家在中國現代史上「劃上句點」[6]，蔣氏家族，從此將不再與聞政治。當時，台灣首屆總統直選，正如火如荼地進行中，蔣孝勇在最後的時日裡，積極對政治發表意見，微弱的聲音，似乎喚起了人們一些對於往日蔣家的記憶。1996年十二月，一個寒冷的夜晚，蔣孝勇病逝於台北。蔣方良哀痛地眼見三位摯愛的兒子，都先他而去。

蔣孝章

　　如今蔣經國的子女當中，唯一在世的，僅餘蔣孝章。目前她居於美國，幾乎與台灣不通聲息。

▲長期旅美的蔣孝章

照片為蔣經國赴美與蔣孝章會面時歡欣的模樣，蔣孝章1938年出生於蔣氏老家溪口，為蔣經國夫婦回到中國後所生的第一位子女，亦為唯一的女兒。她與前國防部長俞大維之公子俞揚和結為連理，此門婚事傳蔣經國十分反對，蔣孝文甚至曾於倆夫婦返國時於機場當面斥責俞揚和，以致蔣孝章行事更為低調。[7]

蔣家第三代的童年一日

　　蔣家第三代的人生之路，走得並不順暢，不知道蔣孝文、蔣孝武、蔣孝勇歷經人世詭謀、政壇起落，在某些獨處的安靜時刻，是否會回想起童年時光的吉光片羽？他們是否懷念那個幾乎無憂無慮、生活充滿驚奇的生活？因為他們的孩提時光，正是蔣家巨人猶在、權傾一時的黃金時代，他們的童年生活，也不為一般台灣民眾所了解。

　　現在，就讓我們來一窺照片裡的蔣家休閒生活吧！

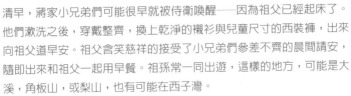

清早，蔣家小兄弟們可能很早就被侍衛喚醒──因為祖父已經起床了。
他們漱洗之後，穿戴整齊，換上乾淨的襯衫與兒童尺寸的西裝褲，出來
向祖父道早安。祖父含笑慈祥的接受了小兄弟們參差不齊的晨間請安，
隨即出來和祖父一起用早餐。祖孫常一同出遊，這樣的地方，可能是大
溪，角板山，或梨山，也有可能在西子灣。

天氣晴朗，溫度適中，早有侍從人員搭好帳蓬、布置好桌椅，小兄弟們乖巧地依次坐定，隨即有人送上餐點和果汁、開水。

父親不常參加這樣的露天早餐——父親總是嚴厲，即使在相機前看來溫和毫無架子，若是父親在，小兄弟們還是有些壓力的，反倒是祖父慈祥和藹，完全看不出他既統帥千軍萬馬，又是一國元首。祖父或者看報，或者批閱公文，小兄弟們知道，祖父處理的是國家大事，可是肩負著中國復興的希望，切不可打擾。父親及祖父跟前的秘書曾告訴他們，吃飯講究的是舉止端凝，餐具不可相碰，發出聲響。他們一聲不出，等待祖父晨課的結束。

有時祖父興之所至，會考問小兄弟：昨天
《論語》讀到哪裡？有沒有什麼感想？他的眼
光望向孝武，有時則看向年幼的孝勇。

如果兄弟倆能夠背出一段完整的章句，或者
闡明「大學之道，在明明德」的道理，祖父
總是非常滿意的笑開懷，頻說「好、好、
好」，這時小兄弟二人對於自己的表現，也會
感到得意。

下午是小兄弟們的快樂時光。祖父一直相信,人必須在兒時起,就開始陶冶文武
兼資的健全體魄與人格。在祖父的允許下,小兄弟們可以換上獵裝,捲起衣袖,
從事野外活動。他們在溪邊水流較緩處泛舟,或者是拉起弓來,想要獵取山林裡
面的小鹿、小羊,兩兄弟有時玩得興起,渾然忘記祖父一身長袍,正坐在旁邊含
笑若有所思呢!

這樣有趣的日子，已經很難得；但還有更新奇、更難以想像的時候。偶爾，小兄弟們會搭上美製黑色大轎車，轉到他們也不知到底在哪的軍事基地，一路上順暢無阻，風馳電掣，沿路所有的人對他們都畢恭畢敬。祖父帶他們登上一艘軍艦，告訴他們：今天高雄縣來報，有隻大座頭鯨擱淺在西子灣了，這種奇景可不是隨時可以遇得到的，小兄弟當時並不清楚：倚靠在祖父歷史巨人的身影旁，這樣的殊遇，以後是再也沒法有了。

黃昏日暮時分，祖父母一同挽著手，在庭院四周散步。小兄弟在身後亦步亦趨地跟隨著。

祖母大多時候，心情都很不錯，開朗健談，她會對他們說些早年美國南方的趣事，又或者從小皮包裡掏出進口的巧克力，或是美國製的流行小玩具，送給他們。

189

晚餐時，有時吃的是西餐，蔣家小兄弟自小就被訓練要獨立進食。遇上了祖父或祖母的農曆與國曆生日，他們會依照西洋習俗一同點蠟燭、許願、吹蠟燭、吃蛋糕。祖父要是心情好，還會跟小兄弟們下盤象棋，童心未泯地學他們戴上尖帽，故意讓他們三子，在旁觀戰的父親、母親、姊姊，也都滿臉微笑。

花果飄零後的新生枝葉

蔣經國與蔣方良育有一女三子：長女蔣孝章、長子蔣孝文、次子蔣孝武、三子蔣孝勇。蔣緯國則有一獨子蔣孝剛。現在蔣經國三位嫡出兒子均已不在人世，2004年，蔣方良也病逝於台北，蔣孝剛則低調謹慎，遠離政壇。在蔣經國過世後，一直到蔣方良過世，這十多年間，蔣家第三代成員凋零的速度，竟比第一代的宋美齡、蔣方良為速。白髮人送黑髮人的場景一再上演，為這個昔日權勢榮華無限的家族，更增添無限惆悵。

蔣家第四代多半低調，而且遠離政治；女眷除了蔣方智怡，其他人幾乎都「與世隔絕」。蔣經國唯一的掌上明珠蔣孝章、孫女蔣友梅（蔣孝文之女）、蔣友蘭（蔣孝武之女）現在皆長居國外；蔣孝章還是因為一場官司，上了台灣媒體，人們才又記起這一個當年低調神祕的「第一千金」。倒是蔣孝嚴的女兒章蕙蘭，導演了女性成長三部曲的電影《小百無禁忌》後，在藝術領域中打出自己名號，加上先生李幼喬也是廣告片「唐先生打破花瓶」的知名導演，是除蔣方智怡之外，曝光率最高的蔣家女性。[8]

蔣友柏、蔣友常兄弟近年來在媒體的曝光率特別高。蔣友柏和模特兒、曾主演偶像劇《薰衣草》的林姮怡於2002年結婚，之後沿用在紐約創立的工作室名稱，成立「橙果設計工作室」（DEM Inc.），設計一系列平面、室內設計，以及各種周邊商品，包括T恤、手錶、網路遊戲周邊產品

▲ 蔣經國開懷的抱著蔣孝文長女蔣友梅

友梅為長孫女，備受蔣經國的寵愛。蔣友梅由於身上流有中、俄、德三種血液之故，一出生頭髮為金黃色，眼睛為綠色，像極外國洋娃娃。

▲蔣友柏照片

蔣友柏畢業於紐約大學，主修金融，身材高挑帥氣，打扮入時。在他的臉龐五官，
仍可看到祖母俄羅斯血統所刻畫的深刻輪廓。最右邊兩位是連戰夫婦，最左邊是媽
媽蔣方智怡，左二是他的外婆徐君樂。

攝影 / September

等，更與藝人黃子佼等合作，擴展商品範圍。2005年，蔣友常擔任7-11「一日店長」活動代言人，並義賣由他設計的一百條圍巾，所得全部捐贈南亞賑災，再度為時尚界所注目。

這是蔣家的一大轉變——關於蔣氏家族成員的新聞，從政治版面轉到了藝文、演藝版。而蔣家第四代成員遠離政治的身影，更象徵另一頁歷史的開端。

從浙江奉化，到南京、上海、南昌、西安、重慶、江西贛州，來到台北、陽明山、日月潭、澄清湖、西子灣，以至於美國、英國、歐洲，蔣氏家族從當初蔣中正一位軍人金戈馬鳴、在中國大陸打下版圖開始，到蔣經國的建設台灣，以至於現今的枝繁葉茂，散播全球，生活場景也不再是軍事、政治，而是走向時尚流行，還將繼續擴大、繽紛。但可以確定的是：「家族」背負的百年印記，逐漸隱去，「個人」的身影，漸次鮮明；從此每個蔣家成員，將在世界各地，用個人能力與際遇，繼續寫下各自人生新的一頁。

出處篇

1. 黃光芹，《蔣家的女人們》（台北：華谷文化，2004年），頁108-113。

2. 鴻鳴，《蔣家王朝》（香港：中原出版社，1988年），頁345。

3. 翁元（口述）、王丰（撰），《我在蔣介石父子身邊的日子》，頁188-190。

4. 蕭心力（編），《蔣介石家事家書》（北京：華文出版社，1995年），頁418。

5. 黃光芹，《蔣家的女人們》，頁192。

6. 蔣孝勇（口述），王力行、汪士淳（撰），《寧靜中的風雨：蔣孝勇的真實聲音》（台北：天下文化，1997），序。

7. 翁元口述，王鋒撰稿，《蔣經國情愛檔案》（台北：博揚文化，2006），頁214-227。

8. 〈蔣家第四代章蕙蘭。年底嫁給李幼喬〉，《自由時報》，2003年7月11日。

蔣家族
生活祕史

蔣氏家族大事記

1887年10月31日　　蔣中正出生於浙江省奉化溪口鎮。

1892年　　　　　　入私塾，從任亨鐸讀書。

1901年　　　　　　蔣奉媒妁之言，與岩頭村毛鼎和之女毛福梅成親。

1906年4月　　　　蔣中正赴東京，就讀清華學校，認識陳其美，兩人
　　　　　　　　　後來結拜爲兄弟。多天返國。

1907年　　　　　　蔣中正就讀保定全國陸軍速成學堂。

1908年　　　　　　再次東渡日本，就讀振武學校。

1910年　　　　　　自振武學校畢業，在高田野砲兵第十三師團第十九
　　　　　　　　　聯隊擔任士官候補生。4月27日，長子蔣經國出世。

1911年　　　　　　辛亥革命，蔣中正率領革命軍攻上海。

1912年3月　　　　因革命元老陶成章欲對陳其美不利，蔣中正怒而刺
　　　　　　　　　殺陶，因此逃往日本，辦《軍聲》雜誌。

1913年7月	國民黨發動二次革命，討伐袁世凱，蔣中正奉陳其美命，攻打江南製造局，未能攻下。之後，往來於上海、東京之間，從事祕密活動。
1914年	奉孫中山命，到哈爾濱觀察東北形勢。
1915年12月	回國爲陳其美策劃肇和艦起義。
1916年10月	次子蔣緯國出生。
1918年3月	蔣擔任陳炯明「援閩粵軍」司令部作戰科主任。
1922年	陳炯明叛變，砲轟觀音山總統府，蔣中正聽到消息後，由上海趕至廣州赴難，保護孫中山到上海。
1923年8月	奉孫中山命，擔任「孫逸仙博士代表團」團長，赴蘇聯考察軍事，冬天返國。
1924年5月3日	孫中山特任蔣中正爲黃埔陸軍軍官學校校長。
1925年3月	孫中山病逝於北京；10月，蔣中正擔任東征軍總指揮；同年底，蔣經國赴蘇聯留學。

1926年7月　　　　蔣就任北伐軍總司令，誓師北伐。

1927年4月　　　　在上海開始「清黨」，捕殺共產黨人；8月，辭去北
　　　　　　　　　伐軍總司令一職，這是蔣中正第一次下野；9月，赴
　　　　　　　　　日本考察；12月1日，蔣中正在上海與宋美齡結婚，
　　　　　　　　　之前登報與毛福梅、陳潔如、姚冶誠等脫離關係。

1928年1月　　　　回南京，復任國民革命軍總司令。

1930年2月23日　　閻錫山、馮玉祥、李宗仁通電反蔣，汪兆銘不久後
　　　　　　　　　也響應，在北平召開擴大會議，南京正式動員討
　　　　　　　　　伐，「中原大戰」開始。

1931年9月18日　　「九一八事變」爆發；12月，為求黨內團結，辭去
　　　　　　　　　國民政府主席，引退回奉化休養，這是蔣中正第二
　　　　　　　　　次下野。

1932年3月　　　　回南京出任軍事委員會委員長。

1935年3月　　　　蔣經國與方良結婚，同年12月，長子蔣孝文出生於
　　　　　　　　　蘇俄西伯利亞。

1936年12月　　　　「西安事變」，蔣中正聞變，於侍衛幫助下翻牆逃

出，跌落山澗，牙齒摔斷，脊椎受傷，仍然被楊虎城之軍隊尋獲；宋美齡飛赴西安與蔣共患難。

1937年4月19日　　蔣經國一家自蘇聯返國。7月7日，抗戰爆發。

1938年2月15日　　蔣經國長女蔣孝章生於浙江溪口蔣氏祖宅；6月，出任江西省第四區督察專員兼保安司令、贛縣縣長，開始建設「新贛南」。

1939年12月　　　日軍轟炸奉化溪口，毛福梅被炸死，蔣經國痛書「以血洗血」。

1941年1月　　　　蔣中正出任盟軍中國戰區最高統帥。蔣經國在贛州，與章亞若相戀。

1942年1月5日　　章亞若於南昌產下章孝嚴（現改名為蔣孝嚴）、章孝慈雙胞胎。

1943年8月　　　　原任主席林森病逝，蔣中正出任國民政府主席。

1944年4月　　　　蔣經國全家受基督教洗禮；6月，與行政院院長宋子文赴莫斯科與史達林談判。

1945年4月	蔣經國次子蔣孝武出生於浙江奉化。8月抗戰勝利。蔣經國奉派為東北外交特派員，10月，擔任蔣中正私人代表，再赴莫斯科談判。
1946年10月	蔣中正夫婦飛至台灣巡視。
1948年8月	政府實行金融經濟管制，發行金圓券，蔣經國被派往上海，協助督導上海區經濟改革。
1948年5月	蔣中正當選行憲後首任總統；10月27日，蔣經國三子蔣孝勇出生於上海；12月，蔣宋美齡赴美就醫。
1949年1月21日	徐蚌會戰失敗，各方要求與中共和談，蔣中正宣布下野，總統職務由李宗仁代理，隨即回到浙江奉化，蔣經國隨行，這是蔣中正第三次下野。
1949年4月	時局緊張，蔣經國將妻兒安置於台灣，住台北市長安東路。蔣中正在蔣經國生日時，送他「寓理帥氣」匾額；12月，蔣中正由成都飛抵台北，從此未再離開台灣。
1950年3月	蔣中正宣布「復行視事」，恢復行使總統職權。

1953年3月	蔣緯國元配石靜宜病逝。
1954年3月	蔣中正當選連任第二任總統,陳誠當選第二任副總統。11月,設置「行政院退除役官兵就業輔導委員會」,由蔣經國擔任副主任委員。
1958年	蔣緯國與丘如雪在日本結婚。
1960年	蔣孝文與徐乃錦在美國結婚。5月,蔣中正引用「動員戡亂時期臨時條款」規定,三連任總統;蔣孝章在美與國防部長俞大維之子俞揚和結婚。
1961年3月	蔣孝文獨女蔣友梅生於台北。
1962年	蔣緯國獨子蔣孝剛出生。
1963年	蔣經國訪問美國,與甘迺迪總統討論中美關係。
1964年3月	蔣經國出任政務委員兼國防部副部長。
1965年1月	蔣經國出任國防部長;9月,再度訪美。
1966年3月	蔣中正連任第四任總統,嚴家淦當選副總統。

蔣
家
族
生
活
秘
史

1967年11月	蔣經國以國防部長身分訪問日本。
1969年2月	蔣經國訪問韓國；3月，以總統特使身分赴美，參加艾森豪總統葬禮。蔣孝武與汪長詩於蔣孝章美國家中舉行婚禮。
1970年	蔣孝武長子蔣友松出生。蔣經國訪美，在紐約遇刺，並未受傷。
1971年	時任台電處長的蔣孝文，因糖尿病症候群延誤送醫，陷入昏迷；不久清醒，然智力衰退。
1972年	蔣經國出任行政院院長。蔣中正車隊於陽明山車禍，蔣中正受傷，此後身體狀況漸走下坡。
1973年	蔣孝勇與方智怡於士林凱歌堂結婚，官方發布蔣中正見新人照片，這是蔣中正最後一次在媒體露面。
1975年4月5日	蔣中正逝世，享年八十九歲。嚴家淦繼任總統，4月28日，國民黨推舉蔣經國為黨主席。
1976年9月	蔣友柏誕生。

1978年	蔣友常誕生。12月16日，美國宣布與台灣斷交，蔣經國發布緊急處分令。
1978年5月	蔣經國當選總統。
1984年	「江南案」發生，蔣孝武轉任駐新加坡商務代表。蔣經國連任總統。
1986年4月	蔣孝武再婚，與蔡惠媚在新加坡結婚。
1988年1月13日	蔣經國逝世，享年七十八歲。年底，蔣孝勇舉家移民加拿大。
1989年	蔣孝文逝世。蔣宋美齡赴美定居。
1990年	蔣孝勇三子蔣友青誕生。
1991年7月1日	蔣孝武逝世。回台小住的蔣宋美齡返美，從此未再回台。
1993年	蔣孝勇一家遷至美國舊金山。

1995年12月	蔣孝勇返台檢查身體。
1996年12月	蔣孝勇逝世。
1997年9月	蔣緯國病逝於台北。章孝嚴出任外交部長。
2002年	蔣友松與徐子菱在美結婚，蔣方智怡以蔣家家屬代表參加婚禮。
2003年7月	蔣友柏成立「橙果設計工作室」。長女蔣得曦出生。
2003年10月	蔣宋美齡逝世於紐約長島，享年一百零六歲。蔣、孔、宋家族成員齊聚紐約參加喪禮。
2004年12月15日	蔣方良病逝於台北。
2005年1月	蔣友柏長子蔣得勇出生。蔣徐乃錦病逝於台北。章孝嚴改回姓蔣。

國家圖書館出版品預行編目資料

蔣氏家族生活祕史／廖彥博,陳一銘著. -- 初版. --
臺中市 : 好讀, 2007[民96]

面 ; 公分. --（人物誌 ; 26）

ISBN 978-986-178-042-9（平裝）

1. 蔣氏 - 傳記 - 照片集

782.7   96001575

好讀出版

人物誌26

蔣氏家族生活祕史

作者／廖彥博、陳一銘
內頁圖片／中國國民黨黨史館 提供
總編輯／鄧茵茵
文字編輯／林碧瑩
美術編輯／彭若樺
發行所／好讀出版有限公司
台中市407西屯區何厝里19鄰大有街13號
TEL:04-23157795　FAX:04-23144188
http://howdo.morningstar.com.tw
（如對本書編輯或內容有意見，請來電或上網告訴我們）
法律顧問／甘龍強律師
印製／知文企業（股）公司 TEL:04-23581803

總經銷／知己圖書股份有限公司
http://www.morningstar.com.tw
e-mail:service@morningstar.com.tw
郵政劃撥：15060393　知己圖書股份有限公司
台北公司：台北市106羅斯福路二段95號4樓之3
TEL:02-23672044　FAX:02-23635741
台中公司：台中市407工業區30路1號
TEL:04-23595820　FAX:04-23597123
（如有破損或裝訂錯誤，請寄回知己圖書台中公司更換）

初版／西元2007年5月15日
定價： 280 元

Published by How Do Publishing Co., Ltd.
2007 Printed in Taiwan
ISBN 978-986-178-042-9

讀者回函

只要寄回本回函，就能不定時收到晨星出版集團最新電子報及相關優惠活動訊息
因此有電子信箱的讀者，千萬別吝於寫上你的信箱地址

書名：蔣氏家族生活祕史

姓名：＿＿＿＿＿＿＿＿　性別：□男□女　生日：＿＿＿年＿＿＿月＿＿＿日

教育程度：＿＿＿＿＿＿＿＿＿＿＿＿＿

職業：□學生　□教師　□一般職員　□企業主管
　　　□家庭主婦　□自由業　□醫護　□軍警　□其他＿＿＿＿＿＿＿＿＿＿

電子郵件信箱（e-mail）：＿＿＿＿＿＿＿＿＿＿＿電話：＿＿＿＿＿＿＿

聯絡地址：□□□＿＿＿＿＿＿＿＿＿＿＿＿＿＿＿＿＿＿＿＿＿＿＿＿＿

你怎麼發現這本書的？

□書店　□網路書店（哪一個？）＿＿＿＿＿＿＿□朋友推薦　□學校選書
□報章雜誌報導　□其他＿＿＿＿＿＿＿＿＿＿＿＿＿＿＿＿＿＿＿＿＿

買這本書的原因是：＿＿＿＿＿＿＿＿＿＿＿＿＿＿＿＿＿＿＿＿

□內容題材深得我心　□價格便宜　□封面與內頁設計很優　□其他＿＿＿＿＿

你對這本書還有其他意見嗎？請通通告訴我們：

＿＿＿＿＿＿＿＿＿＿＿＿＿＿＿＿＿＿＿＿＿＿＿＿＿＿＿＿＿＿＿＿＿

＿＿＿＿＿＿＿＿＿＿＿＿＿＿＿＿＿＿＿＿＿＿＿＿＿＿＿＿＿＿＿＿＿

你買過幾本好讀的書？（不包括現在這一本）

□沒買過　□1～5本　□6～10本　□11～20本　□太多了，請叫我好讀忠實讀者

你希望能如何得到更多好讀的出版訊息？

□常寄電子報　□網站常常更新　□常在報章雜誌上看到好讀新書消息
□我有更棒的想法＿＿＿＿＿＿＿＿＿＿＿＿＿＿＿＿＿＿＿＿＿＿＿＿＿

你希望好讀未來能出版什麼樣的書？請盡可能詳述：

＿＿＿＿＿＿＿＿＿＿＿＿＿＿＿＿＿＿＿＿＿＿＿＿＿＿＿＿＿＿＿＿＿

＿＿＿＿＿＿＿＿＿＿＿＿＿＿＿＿＿＿＿＿＿＿＿＿＿＿＿＿＿＿＿＿＿

我們確實接收到你對好讀的心意了，再次感謝你抽空填寫這份回函
請有空時上網或來信與我們交換意見，好讀出版有限公司編輯部同仁感謝你！
好讀的部落格：http://howdo.morningstar.com.tw/

好讀出版有限公司　編輯部收

407 台中市西屯區何厝里大有街13號

電話：04-23157795-6　傳眞：04-23144188

------------------------------------ 沿虛線對折 ------------------------------------

購買好讀出版書籍的方法：

一、先請你上晨星網路書店http://www.morningstar.com.tw檢索書目或
　　直接在網上購買

二、以郵政劃撥購書：帳號15060393 戶名：知己圖書股份有限公司
　　並在通信欄中註明你想買的書名與數量。

三、大量訂購者可直接以客服專線洽詢，有專人爲您服務：
　　客服專線：04-23595819轉230 傳眞：04-23597123

四、客服信箱：service@morningstar.com.tw